新しい保育講座 **12**

保育・教育実習

大豆生田啓友・三谷大紀・松山洋平　編著

ミネルヴァ書房

「新しい保育講座」シリーズ刊行にあたって

　1989（平成元）年の幼稚園教育要領の改訂に合わせて刊行された「保育講座」シリーズは，何回かの改訂を行いながらも，約30年の月日が過ぎようとしています。このように長く続いた理由として，「保育講座」シリーズでは，発刊当初から，子どもや保育のことをほとんど知らない学生や一般の人にも，できるだけわかりやすく，しかも保育の本質がイメージできるような編集方針を貫いてきたからともいえます。それは，作家・井上ひさしの言葉にあるように「むずかしいことをやさしく，やさしいことをふかく，ふかいことをおもしろく，おもしろいことをまじめに，まじめなことをゆかいに，そしてゆかいなことはあくまでゆかいに」保育を語ろうということでもありました。

　この度，2017（平成29）年3月に幼稚園教育要領や保育所保育指針，幼保連携型認定こども園教育・保育要領が改訂（定）されたのを機に，この「保育講座」シリーズも新たに内容を見直すことになりました。改訂（定）そのものは，1989（平成元）年に大きく改訂された幼稚園教育要領の方向に沿ったもので，その原理，原則が大きく変わったわけではありません。

　ただ，この30年の間に，保育，教育，そして子育てを取り巻く環境や状況は大きく変わりました。少子化が進み，家庭・地域の教育力が低下していく中で，国際的な乳幼児期への関心の高まりもあって，日本でも新たに幼保連携型認定こども園制度ができ，幼児教育の無償化も進むなど，幼稚園，保育所，認定こども園といった施設の種類にかかわらず，乳幼児期の保育・教育の重要性は飛躍的に高まってきています。

　また小学校以上の学習指導要領も大きく改訂され，「アクティブ・ラーニング」という言葉に代表されるように，これまでの知識や技能を教える教育から，これからの時代を生きぬくことができる資質・能力を育成する教育へと大きく方向を変えようとしています。

　このような時代に，保育者を志す学生が乳幼児期の教育・保育の基本について，何をどのように学ぶかはとても重要です。やみくもに知識の量を増やしていくという学び方ではなく，問いをもって自ら課題に取り組み，保育や幼児教育の基本を常に問い直し，保育者になった時に，その実践の場で生かせるような力をいかに獲得していくか，その学びが，「新しい保育講座」シリーズを通して獲得していけると信じています。このシリーズの本を手にしたすべての学生が，子どもたちのための保育を実現できる保育者になってくれることを切に願っています。

　2018年3月

子どもと保育　森上史朗
総合研究所代表

ゆうゆうのもり　渡邉英則
幼保園園長

はじめに

　みなさんは，幼稚園教諭免許や保育士資格を取得する養成校に入学し，実習を楽しみにしていたことでしょう。いよいよ自分も「先生」と呼ばれ，子どもたちの輪の中に入るのです。たくさんの子どもたちが自分のところに寄ってきて，ごっこ遊びや外遊びなどをして一緒に遊ぶ姿がイメージできるのではないでしょうか。また，自分の膝にちょこんと座って，甘えてくる子どももいるかもしれません。絵本を読んであげたり，一緒に手遊びをしたりなどと考えると，ワクワクする思いでしょう。

　あるいは，うまく子どもたちと仲よくなれるだろうかと思い，ドキドキしたり，緊張感もあったりするのかもしれませんね。自分のところに子どもが寄ってきてくれなかったらどうしよう。けんかが起こったらどうしよう。絵本を聞いてくれなかったらどうしよう，などなど，心配ごとをあげたらきりがありません。実習は保育者になるための大きな関門だから当然です。

　実習は，幼稚園教諭免許状あるいは保育士資格を取得するために不可欠なものです。養成校の教室での学びとは異なる，保育の現場での学びが保育者になるためにどれほど大切なことかは言うまでもありません。もちろん，そのこともあるのですが，学生時代の実習経験はこれから先の生涯忘れることのない自分の重要な保育イメージとなります。保育を考えるうえでの原点となるとも言えるのです。

　私もそうでした。私は，大学4年で幼稚園の実習をしました。子どもたちと小鳥ごっこをやって，私も小鳥のお父さんになって遊びを盛り上げたことは，今でも鮮明に覚えています。遊びが豊かになるってこういうことなのだと，その時実感をしました。責任実習（クラス担任実習）では，リズム表現をやって，メチャクチャになったことも忘れられません。苦い経験でしたが，今ではよい思い出です。

　みなさんの実習はどんな実習になるでしょうか。「実習，とてもよかったよ！」と言って学校に帰ってくるみなさんの笑顔がたくさん生まれることを期待しています。そんな素敵な実習をイメージして，このテキストを読んでくだされば幸いです。

　　2020年2月

編著者を代表して　大豆生田啓友

も く じ

第4章　実習に必要な心構え等の準備

第5章　指導案作成の仕方

第6章　3−5歳児クラスでの部分実習・責任実習の実際

第7章　0−2歳児クラスでの部分実習・責任実習の実際

第8章　施設での実習の実際

第9章　実習を終えてからのステップ

第10章　困った場面での対応 Q & A

各章扉写真提供：かえで幼稚園・多摩川保育園・ゆうゆうのもり幼保園

第1章

実習って何だろう

保育者と楽しそうに関わる子どもたち。じゃんけんでやりとりしているようですね。一体何を楽しんでいるのでしょうか？

保育の現場では，子どもたちの楽しそうな笑顔と，子どもに寄り添う保育者の姿に出会います。保育者は子どもの様子をよく見て，その子どもの思いや考え，気持ちを汲み取って関わっています。

　　今，みなさんが考えたように，一体何を楽しんでいるのか，どう思っているのかをさまざまな情報を頼りに探っていくことが，保育者に求められる専門性のひとつです。これは，簡単に身につくことではありません。ですから幼稚園教諭の免許状や保育士資格を取得するための実習があると言ってよいでしょう。子どもと共に過ごすことを通して保育の楽しさや奥深さを学ぶために実習があるのです。

　　写真の様子を見て，子どもの笑顔や保育者と共に楽しむ状況に心動かされたみなさんなら，必ず実りある実習が待っています。さあ，子どもたちが生活する実践への扉，実習への扉を開きましょう。

　さあ，これから保育者になるための実習について学ぶための扉を開きます。幼稚園教諭の免許状や保育士資格を取得するために実習があることは聞いていたと思います。でも，「そもそもなぜ実習ってあるんだろう？」って考えたことがあるでしょうか？　また，どのような実習があるか知っていますか？　中学生や高校生で行った体験学習やボランティアとは何が違うのでしょう？　あなたが受けることになっている実習を行うための「事前事後指導」の授業って何でしょう？　考えてみるとわからないことばかりです。

　ここでは，そもそも「実習」って何だろうということを学びます。まずは，みなさんの先輩の声なども聞いてみましょう。先輩たちは実習でどのような経験をしたのでしょうか？　さあ，これからドキドキワクワクの実習の学びが始まります。

1　実習とは何か

　さあ，実習に向けてこれから学んでいくこととしましょう。ところで，「実習」って何でしょう。言葉の意味としては，講義などで学んだ理論や実技・方法を，実際の現場で実際の人や物にふれて学ぶことです。

　みなさんのなかには，自動車やバイクの運転免許証を取得した人もいるかもしれません。教習所で交通法規などの机上の学習の他，模擬コースでの練習を積んだうえで，実際の路上で運転し，試験を受けて合格することによって免許の取得に至ったのではないかと思います。ここでは，実際に路上で運転してみることが実習にあたるでしょう。もちろん，まだ経験が未熟ですから，運転免許と同様，実際の指導者の指導のもとで実地経験をするのです。

　こうした実習経験は，医師や看護師，パイロット，管理栄養士，教師，社会福祉士，等々多くの専門職の資格取得に必要とされます。高度な専門職であればあるほど，机上だけでない，実際の経験が必要とされるのです。医師やパイロットを考えてみれば明らかです。いくら多くの専門書を読み，最先端の理論を学んでいても，実際の経験がなければ，安心して人の命を任せるわけにはいきませんよね。つまり，専門職としては十分とはいえないのです。

→1　幼稚園や保育所等で保育に携わる職員のことを一般に保育者と呼びます。なお，幼保連携型認定こども園で働く保育者のことを「保育教諭」と呼びます。現在，幼児教育・保育を行う者の免許・資格としては，幼稚園教諭免許と保育士資格の2つがありますが，幼保連携型認定こども園で働く「保育教諭」はこの両方を有することを原則とされています。

幼稚園教諭や保育士（保育者）[1]も同様です。保育者は専門職ですから，保育者になるためには，専門的な理論と技術，そしてそれを実際に生かすことができる実習経験が不可欠なのです。それは，子どもの命を預かる職種であり，多様な子どもの内面を理解し，関係性を築きながら，豊かな遊びや生活を生み出し，個々の子どもの育ちを支援していくプロだからです。そのため，養成校で専門職としての講義を受け，それと並行して実習を行うのです。

子どもの気持ちを丸ごと受け止めたり，子どもと信頼関係を作ったり，遊びや活動を豊かにしたり，クラスを運営していくことは，単に机上の学習だけでは身につきません。実際の子どもとの関わりを通して，「なるほど，そうすればうまくいくのか！」と納得したり，発見したりすることも多いのです。勘やコツのようなものも大事なのです。そうした経験を通して，養成校での授業での内容をより深く，あるいは実践につながったものとして理解できるようになるのです。まさに，養成校での授業と現場での実習は車の両輪のような関係で，この両方を行き来するなかで，学びを深めていくことができるのです。

ただ，実習は単なる体験学習やボランティアではありません。資格取得のための単位につながるものであり，十分な準備を行うとともに，現場の先生や養成校の先生の指導を受け，振り返りを行いながらよりよい学びへとつなげていくものです。ですから，子どもに関わる学びを深めるためのステップを踏んで行っていきます。そのために，「実習指導」（事前事後指導）があるのです。そして，実際の「実習」を行うためのステップは，おおよそ次の通りです。

①「実習」および「実習指導」（事前事後指導）を履修する

②養成校で「実習指導」（事前指導）の授業を受ける

③実習園でのオリエンテーションを受ける

④配属施設（園）で実習を行う

⑤養成校で「実習指導」（事後指導）を受ける

ですから，まずは養成校での「実習指導」（事前指導）を受けるなかで，よりよい実習が行えるような準備をしていきます。

2 実習から学ぶこと──先輩たちの実習体験から

　みなさんの先輩たちの実習体験の声を聞いてみましょう。実習体験と一口にいってもその経験は一人一人の学生によって大きく異なります。感激して帰ってくる学生もいれば，「うまくいかなかった」と言って帰ってくる学生もいるのが実際です。でも，多くの学生は「子どもたちがかわいかった」「こんな感動のエピソードがあった」などうれしかった思いをもって帰ってきます。

Episode 1　初めての実習体験（短大1年生）

　今回は生まれて初めての実習体験でした。中学生，高校生の時に職場体験として1回ずつ保育園に行ったことがありましたが，「先生」と呼ばれる長期間の実習は初めてでした。だから，実習園に行って子どもと仲良くなれるかどうか，とても不安でした。

　3歳児のクラスに3日間入れてもらいました。最初は，担任の先生が私を紹介してくれると，子どもたちが不思議そうに私を見ていました。私がひとりの男の子に「こんにちは」って声をかけて近寄っていくと，逃げるように向こうに行ってしまいました。とてもショックでした。

　でも，そのあとすぐに女の子が私のところにおもちゃを持って来てくれました。そのおもちゃを「ありがとう」って言って受け取ると，その子は何個も何個も私のところに同じおもちゃを持って来てくれました。そこから，そのおもちゃで遊びはじめると，他の子たちも遊びに入ってきました。とてもうれしかったです。子どもと仲良くなれないんじゃないかという不安は一気に吹き飛びました。

　翌日，昨日声をかけた時には向こうに行ってしまった男の子が突然私の方にやってきました。そして，「仮面ライダー○○って知ってる？」って話しかけてきたのです。あまり知らなかったけど，「みたことあるよ」って言うと，その仮面ライダーの話をうれしそうにしはじめました。そのあと，一緒に絵を描こうということになり，クレヨンと自由画帳を持って来て，仮面ライダーを描いて遊びました。きっと，昨日は知らない私から声をかけられて，緊張して逃げていったんだろうなって思えました。

　子どもと仲良くなれるかどうかは，初めて実習に行く多くの学生の心配ごとです。経験が少なければ少ないほどそのように思うようです。でも実際に関わってみると，初めはうまくいかないことがあっても，次第に子どもと一緒に遊べるようになっていき，実習が終わった頃には大きな自信をつけて帰ってきます。子どもと「仲良くなれる」ことは実習におけるとても重要な経験です。自分が子どもに関

わるなかで，その子の表情が笑顔になったり，遊びが豊かになったり，泣いている子どもの気持ちを受け止めてやることができたり，そんな子どもに対して自分が何か貢献することができたという自信が，保育者になることへの自信へと大きくつながっていきます。

Episode 2 　手遊びをやってみて（大学2年生）

　4歳児クラスで初めて手遊びをやらせてもらいました。大学の授業でいろんな手遊びをやっていたので，何をやろうか迷いましたが，子どもたちが喜びそうなひげじいさんのアンパンマンバージョンをやりました。

　本当に自分がやる手遊びを子どもたちが一緒にやってくれるか心配でしたが，私が「ひげじいさんの手遊び知ってる？」って聞くと，「しってるー！」って思った以上の大きな声が帰ってきてびっくり。まずは一緒にひげじいさんの手遊びをやってみました。自分たちが知ってる手遊びなので，私に見せてくれる感じでとても楽しそうにやってくれました。

　そのあと，「とんとんとんとんアンパンマンは知ってる？」って聞くと，最初みんなきょとんとしていて，私が最初のところをやってみせると，みんな真剣に私がやるのを真似してくれました。だんだんわかってくると，キャラクターのところでは，大騒ぎ。みんながいろんなことを一斉に私に言って来て，ちょっと焦りましたが，とても大喜びでした。その後も，クラスでは人気の手遊びになっていき，とてもうれしかったです。

　実習では，実習生が子どもに手遊びやゲーム，製作活動などの遊びや絵本・紙芝居などを提供することがあります。保育者の仕事は，子どもが豊かな経験をすることを通して発達を支援することです。そのため，このような遊びや活動をいかに子どもと一緒に豊かに展開させていけるかはとても大切です。

　養成校の授業のなかで，さまざまな遊びや活動，教材について知る機会があると思います。でも，実際に子どもの前でやってみるのとは，かなり違うようです。実際，子どもと一緒にやってみることによって保育の展開（方法）や環境構成などについても学んでいくことになります。このように実際に手遊びひとつでも，やり方ひとつでずいぶん子どもたちの反応は変わってくるでしょう。園の先生方のやり方を実際に見て学ぶ機会もあると思います。

　実習での経験を経ることによって，これまでとは養成校での学び方もきっと変わってくるでしょう。この手遊びは何歳くらいがよいか，どのような機会に経験させるとよいか，どのように進めると子どもが楽しめるか……等々です。

Episode 3 　　「保育者になる！」と心から思った（大学4年生）

　私は前の実習で子どもとうまく関われず，保育者に向いていないと思っていました。でも，今回の実習では大きな手ごたえがありました。それは，発達障害のあるAちゃんと仲良くなれたことでした。知らない大人にはあまり心を開かない子だと聞いていたのですが，今回は自分の実習課題を「Aちゃんの思いを理解する」としました。私を避けているように感じましたが，それでも最初は毎日のように砂場に水を流して遊ぶAちゃんのそばで関心をもってみていました。実習数日後，Aちゃんがいつも使っていたバケツがなくて困っていました。他の子が使っていたのです。それを知った私は，Aちゃんに「バケツがほしいのね」と聞き，「じゃあ，貸してって先生が言ってみるね」と言って，使っていた子に交渉し，貸してもらえました。Aちゃんの表情はその時，無表情に見えました。でも，その後，自分が砂場で使っていた車のオモチャをひとつ黙って私に手渡してくれたのでした。そして，私がその場で一緒に車をブーンと言いながら走らせるのを許してくれたのです。それからというもの，私の手を引っ張って要求してくれることも多くなりました。自分が子どもから信頼される存在になれたんだと思うと，うれしくて仕方がありませんでした。実習最終日には，Aちゃんを含めクラスの子たちから手作りのメダルのプレゼントがあり，感動で，涙が止まりませんでした。「絶対に保育者になるぞ！」と決めた実習になりました。

　　実習は学生の心を大きく揺れ動かす経験の場ともなります。この学生のように，これまでうまくいかないことがあり，「保育者には向かないのでは？」と思っていたけれども，ある実習を通して，心から「保育者になりたい！」と大きな心の変化をもたらすことも少なくありません。これから実習を体験するあなたにも，このようなよい子どもや先生方との出会いがあり，心から「絶対，保育者になるぞ！」と思う実習になってほしいと願っています。

3　実習の種類等

　　保育者になるための実習と一口に言っても，さまざまな種類の実習があります。

　　幼稚園教諭免許と保育士資格という2つの免許・資格がありますので，自分が取得する資格によって，異なった実習があります。一般に，幼稚園教諭免許状を取得するために幼稚園・幼保連携型認定こども園で行う実習を「教育実習」，保育士資格を取得するために保育所・幼保連携型認定こども園もしくは乳児院・児童養護施設な

表1-1　「教育実習」・「保育実習Ⅰ・Ⅱ・Ⅲ」の概要

実習種別	履修方法		実習施設
	単位数	実習日数（注）	
教育実習	5単位	おおむね4週間	幼稚園または幼保連携型認定こども園
◎保育実習Ⅰ （<u>必修科目</u>）	2単位	おおむね10日	保育所実習：保育所または幼保連携型認定こども園あるいは小規模保育Ａ型・Ｂ型及び事業所内保育事業
	2単位	おおむね10日	施設実習：乳児院，母子生活支援施設，障害児入所施設，児童発達支援センター（児童発達支援及び医療型児童発達支援を行うものに限る），障害者支援施設，指定障害福祉サービス事業所（生活介護，自立訓練，就労移行支援又は就労継続支援を行うものに限る），児童養護施設，児童心理治療施設，児童自立支援施設，児童相談所一時保護施設又は独立行政法人国立重度知的障害者総合施設のぞみの園
○保育実習Ⅱ （<u>選択必修科目</u>）	2単位	おおむね10日	Ⅰの保育所実習と同じ
○保育実習Ⅲ （<u>選択必修科目</u>）	2単位	おおむね10日	児童厚生施設又は児童発達支援センターその他社会福祉関係諸法令の規定に基づき設置されている施設であって保育実習を行う施設として適当と認められるもの（保育所及び幼保連携型認定こども園並びに小規模保育Ａ・Ｂ型及び事業所内保育事業は除く。）

➡注：1）教育実習日数はおおむね4週間です。各養成校によって4週間まとめて実習を行うか，2週間ずつに分けるか，などの違いがあります。注意して各校の基準に従ってください。

　　　2）保育実習日数はおおむね10日間です。各養成校によって10日間〜12日間と違いがあります。注意して各校の基準に従ってください。

　　　3）保育実習は◎必修科目で計4単位，○選択必修で2単位，合わせて6単位が総単位数になります。

➡出所：厚生労働省雇用均等・児童家庭局長通知「指定保育士養成施設の指定及び運営の基準について」（雇児発0331第29号）2015年の別紙2「保育実習実施基準」より作成。下線は筆者。

どの児童福祉施設で行う実習を「保育実習」と呼びます。

　それぞれの実習の概要を表1-1にまとめておきます。

　教育実習の期間はおおむね4週間とされています。4年生でまとめて4週間実習を行う場合，3年生の秋に2週間，4年生の春に2週間とわけて実習を行う場合など，大学によって実習期間の設け方はさまざまです。一方保育実習はⅠ，Ⅱ，Ⅲに別れています。保育実習Ⅰは必修で，保育所・幼保連携型認定こども園におおむね10日，そのほかの児童福祉施設等におおむね10日の計4週間程度の実習を行います。保育実習Ⅱ，保育実習Ⅲはそれぞれおおむね10日（約2週間）の実習ですが，どちらかを選択することになります。保育実習Ⅱは保育所・幼保連携型認定こども園への実習，保育実習Ⅲはそのほかの児童福祉施設等への実習になります。保育実習Ⅰで保育所や幼保連携型認定こども園，児童福祉施設等での実習を経験し，保育実習ⅡとⅢでは，さらに学びたい方を選ぶことになります。将来の就職先として保育所や幼保連携型認定こども園を考えている場合には保育実習Ⅱを，児童福祉施設等を考えている場合には保育実習Ⅲを選ぶことが多いかもしれませんが，時にはⅡを選んでも児童福

表1-2　ある保育者養成校（4年制大学）の「教育実習」および「保育実習」の概要

〈教育実習の場合〉

教科目名称	学年・学期	実習先	必修・選択	内　容	日　数
教育実習Ⅰ	3年秋学期	学内幼稚園・幼保連携型認定こども園	必修	参加観察実習中心（簡単な部分実習含む）	2週間
教育実習Ⅱ	4年春学期	外部幼稚園・幼保連携型認定こども園	必修	責任実習（クラス担任実習）を含む実習	2週間

〈保育実習の場合〉

教科目名称	学年・学期	実習先	必修・選択	内　容	日　数
保育実習Ⅰ a	3年春学期	保育所・幼保連携型認定こども園	必修	参加観察実習中心（簡単な部分実習含む）	2週間
保育実習Ⅰ b	3年秋学期	施設（保育所を除く）	必修	参加観察実習中心（簡単な部分実習含む）	2週間
保育実習Ⅱ	4年春学期	保育所・幼保連携型認定こども園	選択必修	責任実習を含む実習	2週間
保育実習Ⅱ	4年春学期	施設（保育所を除く）	選択必修	責任実習を含む実習	2週間

➡出所：筆者作成。

祉施設へ，また逆にⅢを選んでも保育所等へ就職する，ということもあるでしょう。どちらにしても，実習の場で得た学びがあなたのその後にとって大きな意味をもつような，そんな実習になってほしいと願っています。

　表1-2に，ある養成校（4年制大学）の実習の概要を示したので参照してください。実習に関する基本的なルールは国で決められていますので，共通することも多いのですが，それぞれの養成校で時期等が異なり，実習時期に応じて，その目的や内容等も異なります。あなたの養成校ではどのようになっているかを確認してみましょう。

　これから，学年や時期が上がるごとに，段階を追ってさまざまな実習を経験していくことになります。

　なお，幼稚園と保育所・幼保連携型認定こども園の違いは，表1-3の通りです。それぞれの共通性と違いについてしっかりと確認しておきましょう。また，保育実習は保育所以外の児童福祉施設でも行いますので，本書第8章に記された施設の種類についても確認しておきましょう。

表1-3 保育所・幼稚園・幼保連携型認定こども園の制度及び現状の比較一覧

	保育所	幼稚園	幼保連携型認定こども園
根拠法令	児童福祉法第39条	学校教育法第22条	就学前の子どもに関する教育,保育等の総合的な提供の推進に関する法律（第2条・第9条）
所管省庁	厚生労働省	文部科学省	内閣府・文部科学省・厚生労働省
対　象	保育を必要とする 　乳児（1歳未満） 　幼児（1歳から小学校就学の始期まで） 　少年（小学校就学の始期から18歳未満）	満3歳から小学校就学の始期に達するまでの幼児	満3歳以上の子ども及び満3歳未満の保育を必要とする子ども
設置・運営の基準	児童福祉施設の設備及び運営に関する基準	学校教育法施行規則第36条～第39条 幼稚園設置基準	幼保連携型認定こども園の学級の編制，職員，設備及び運営に関する基準
保育（教育）時間・日数	・原則として1日8時間 ・延長保育，夜間保育も実施。春，夏休みなし（約300日）	・毎学年の教育週数は，39週を下ってはならない。幼稚園の1日の教育時間は，4時間を標準とすること。	・毎学年の教育週数は，39週を下ってはならない。幼保連携型認定こども園の1日の教育時間は，4時間を標準とすること。 ・保育を必要とする子どもに該当する園児に対する教育及び保育の時間は，原則として1日8時間。
職員（職種・配置基準）	・保育士，嘱託医，調理員※ （※委託することもできる） 　0歳児　　　3：1 　1・2歳児　　6：1 　3歳児　　　20：1 　4歳以上児　30：1	・園長，副園長，教頭，主幹教諭，指導教諭，教諭，助教諭，講師，養護教諭，養護助教諭，事務職員 1学級当たり幼児35人以下 各学級選任の教諭1人以上	・園長，副園長又は教頭，主幹保育教諭，指導保育教諭又は保育教諭，主幹養護教諭，養護教諭又は養護助教諭，事務職員，調理員※ （※委託することもできる） 　0歳児　　　3：1 　1・2歳児　　6：1 　3歳児　　　20：1 　4歳以上児　30：1
指導の要領・指針	保育所保育指針（厚生労働省, 2017）	幼稚園教育要領（文部科学省, 2017）	幼保連携型認定こども園教育・保育要領（内閣府, 2017）

➡出所：筆者作成。

Book Guide 📖

・大豆生田啓友『幼稚園教諭になるには』ぺりかん社，2019年。
　幼稚園教諭になるための総合的な情報がわかりやすくまとめられています。幼稚園教諭がどのような職業かが具体的によくわかるので，幼稚園実習前に一読をお勧めします。

・金子恵美『保育士になるには』ぺりかん社，2014年。

　　保育士になるための総合的な情報がわかりやすくまとめられています。保育士がどのような職業かが具体的によくわかるので，保育実習前に一読をお勧めします。

Exercise

1.あなたの養成校で行うすべての教育実習・保育実習の予定を調べてみましょう。

　　そして，その学年，時期，種類，目的等をノートに書き出してみましょう。

2.あなたは実習でどのような経験がしたいですか？　自分が実習に行くことをイメージして，経験したい内容を書き出してみましょう。また，不安な点も書き出し，クラスの仲間と情報交換してみましょう。

第2章

実習を迎えるまでのステップ

朝，登園して間もなく保育者に笑顔で話し始める子。先生はどのような思いでその話を聞いているのでしょうか？

保育者は，子どもに対して共感的に関わることを大切にしています。そのなかで，子どもが訴えたいこと，伝えずにはいられない気持ちなどを受け止めています。話している内容は，家庭であった出来事かもしれませんし，登園中の出来事かもしれません。あるいは，昨日の遊びの続きで思いついたことかもしれませんし，これからやりたいことの提案かもしれません。保育者は，その子どもの気持ちに寄り添い，思いを汲み取って言葉を返したり，道具を用意したりしていくのです。実習生は，このような場面から子どもの思いを共感的に汲み取ろうとしたり，保育者の援助の意図や方法をわかろうとしたりします。そのために，実習では実習生の学びに応じたプロセスが設けられています。この章では，実習での学びを深めるための実習の段階や実習先の理解などについて学びます。

実習の意義と目標の理解

　みなさんは，実習を迎えるにあたり，どのような気持ちを抱いているでしょうか。ずっと練習してきたピアノを子どもたちの前で弾いてみたい，子どもたちと授業で習ったことを一緒にやってみたいなど挑戦してみたい気持ちとは裏腹に，緊張や不安もあるかもしれません。それでは，次の work を行ってみましょう。

Work 1 ✐　実習前の自分の不安な気持ちを整理してみましょう

　実習に行くにあたり，どのような不安があるでしょうか。ひとつの付箋にひとつずつ書き出してみましょう。
　書き出した不安を，グループになって，以下の 3 種類に分類します。
　1.「先輩や教員など経験者に聞くことで解消されていくもの」
　2.「事前に何か自分で準備・練習することで解消されていくもの」
　3.「未体験だからこそ見えない漠然としたもの（やってみることで解消されていくもの）」
　分類したら，「今から，具体的に取り組めること」について話し合ってみましょう。

　この様に一つ一つ分類してみると，何が不安だったのか，どう解消していけばよいのかということが見えてくるのです。実習の日を迎えるまで，事前に学習をし，準備を進めていくことでひとつでも多くの不安を解消していきましょう。
　この章では，実習を迎えるまでのステップを学んでいきますが，まずは実習の意義と目標，そして実習の種類や内容を理解していきましょう。

❶ 実習の意義

　実習は，これまでの養成校で学んだ理論と知識や，学生がこれまでに身につけた経験や知識をもとにして，実践的に子どもの姿や保育の実際とはどのようなものかということを学ぶ場や機会となります。実習で経験することは，実習でしか見えてこないものばかりで

す。授業で学んだことを頭に入れつつ，いざ実習の場に身を置いて子どもや利用者と関わってみると，「難しさ・楽しさ・おもしろさ・不思議・感動」など心が揺れ動き，感じることがたくさんあります。その感じたことこそが，まさに保育者を目指す実習生としての学びとなります。

Episode 1 　実習生Kさんの話

　初めての実習で緊張していたら，休憩の時間の時にいつも先生が緊張をほぐそうと話しかけてくれるのがとてもありがたかったです。なかでも，「Kさんが入ってくれているクラスのMくんは，いつも登園の時にお母さんと離れる時に泣いてしまうけど，Kさんのことが大好きみたいで最近泣かなくなったのよ」と教えてくれたMくんの話がとっても嬉しくて，そのことを話してくださる先生の優しさもまた嬉しかったです。さらにMくんのお母さんから「お休みの日もMが園に行きたいって言うんです。K先生に会いたいからって」と教えてもらいました。こんなに嬉しいことはありませんでした。

　　　集団生活をしている子どもたちや利用者たちにとっては，実習生は自分にしっかり向き合ってくれる刺激のある貴重な存在であり「先生」です。実習生に甘えたくて離れない子も多く，その対応に困って相談することもあるでしょう。このエピソードのように，子どもたちは保育が上手いかそうではないかということよりも，自分たちを大切にしてくれるその姿勢を感じているのです。実習期間中に，実習生が真剣に何かを学び吸収しようと取り組むと，一生残る学びが行われることでしょう。

　　　これこそが，まさに実習の意義と言えるでしょう。

➡1　本書第4章を参照してください。

　　　実習には，実習生として遵守すべき義務等[1]を理解したうえで，いくつかのステップを経て，責任をもって臨むための準備期間と，意欲が必要となります。

❷ 実習の目標

　　　実習の目標は第1章で示したように教育実習（幼稚園や幼保連携型認定こども園），保育所実習（保育所や幼保連携型認定こども園など），施設実習（保育所を除く児童福祉施設）などといった実習の種類や，実習の段階によっても異なってきますが，どの実習でも共通していることは表2-1のような点です。

表2-1　実習の目標（例）

①実習先の機能，環境，1日の流れ，役割を知る。
②実習先での保育者の役割と仕事の内容を理解する。
③実習先での保育の展開や工夫，配慮，技術を学ぶ。
④実際に関わったり，記録を基に振り返ったりし，子ども（利用者）の理解を深める。
⑤自分と向き合い，自分の成果と課題を自覚する。
⑥必要な倫理観・姿勢を身につける。
⑦保育の補助的な役割を担い，子ども（利用者）の実態に応じた保育の特色を理解する。
など

▶出所：筆者作成。

　実践現場において，これらの目標を達成するために，養成校での実習指導授業が進められていきます。

❸ 実習の自己課題

　実習の目標がすべての実習生に共通しているのに対して，自分自身の「実習のテーマ」となるものが自己課題です。自分の興味・関心のあることや，得意なこと・不得意なことを，これまでの授業や経験から得たものと結びつけて「自分が何を学びたいのか」「自分が実践して理解を深めたいものは何か」という視点でテーマを決めます。

　あまり抽象的で大きなテーマにしすぎてしまうと達成するのが難しくなりがちです。具体的な場面を想定し，実習中に自分が何をするのか，どのような視点で臨むのかが明確になるように設定します。短い実習期間に実習の目標に加えて自己課題をもつことで，実習中に学びたいことが明確になり，さらに実習後の事後学習の際に，自身の成果や課題を明確に振り返ることができるため，重要な実習の視点となります。

2 実習中の学びの深まりの理解

　実習生の実習が徐々に深まっていくように，実習には「見学・観察実習」から「参加実習」へ，そして「責任実習」へと進んでいく3つの段階があります。「見学・観察実習」で学んだことが次の段

階に活かされ,「次回はこうしてみよう」というように,経験のすべてが関係していくため,3つの段階にはそれぞれ相互性や連続性があります。養成校によって実習時期は異なりますが,この実習の段階はおおむね共通しています。

また,この段階を踏まえて,養成校での準備学習などが行われていきます。

❶ 観察実習──子どもや保育の様子を理解し学ぶ

観察実習は,初回の実習や実習の始めの時期に行われることが多く,一日の流れや,子どもや保育者の姿や生活を客観的に見て学んでいくことがねらいとなります。子どもたちとすぐにでも関わりたいという気持ちもあると思いますが,子どもや利用者の姿をじっくりと観察することによって学ぶことや,保育者の動きや保育の展開への理解を深めることができるのです。

今,保育で大切にされていることは,「子どもを感じ取る」「子どもになってみる」という視点や感覚です。子どもが何を感じ,どのように遊んでいるのか,子どもの表情や言葉,保育者の言葉や立ち位置,関わり方を観察実習でじっくりと見てみましょう。普段子どもたちとたくさん関わっている担任でさえも,個々の子どもと関わりながら,全体の保育も見ていくためには,経験や視野が求められます。

子どもを「見る」という時に,3種類の「まなざし」[2]があると説明した佐伯は,なかでも「『共に』という中で見る『横並びのまなざし』」で子どもを見ることを提案しています。それは,一方的な自分の推測や欲求を押しつけることではなく,「あなたが見ている世界を,『一緒に見ましょう,共に喜び,共に悲しみましょう』としてかかわったり,『私が見ている世界を,あなたも一緒に見てください』としてかかわるまなざし」[3]のことです。

また,大豆生田は,ただ見ているのではなく「その子が,何がしたいんだろうか」「どういう思いでそうしているだろうか」と「思いを寄せ」てみることが子どもの心を理解する一歩になると伝えています[4]。ぜひ,表面上の子どもの姿だけでなく,あなた自身の頭や心をたくさん動かして子どもを「見て」みてください。

観察実習では,一日の流れを追って終わってしまうため,実際に

➡2 「横並びのまなざし」の他に,ひとつは,「本人の自由意志とは関係なく,こちらで設定した尺度をあてはめれば推測できるはずだという想定でみてしまう子どもとの関わりや共感のない「観察するまなざし」,もうひとつは「こちらの要求を全面に出して,『期待される子ども像』を押しつけてしまいがち」になる「向かい合うまなざし」という3種類のまなざしについて説明しています。

➡3 佐伯胖『共感──育ち合う保育のなかで』ミネルヴァ書房,2013年,pp. 25-26.

➡4 子どもと保育総合研究所『子どもを「人間としてみる」ということ──子どもとともにある保育の原点』ミネルヴァ書房,2015年,pp. 45-46.

どこの部分をじっくりと学びたいのか，視点を絞っておくことも大切です。

❷ 参加実習——保育者の補助的な立場で子どもと関わりながら学ぶ

　参加実習は，観察実習での経験をもとに，今度は保育者と共に保育のなかに入り，保育の一端を経験しながら学びを深めていくものになります。担当の保育者の保育の意図を理解して動くものであり，子どもに関わり慣れていくこと，保育の仕事を経験していくことを通して，保育者の子どもや利用者への関わり方，ふるまい方などを学ぶことができます。

　参加実習では指導計画の立案はしませんが，部分実習・責任実習に向けて，子どもの前で手遊びや絵本や紙芝居を読む機会等を得ることもあり，子どもがどのようなことに興味があり，どのような言葉をかけていくとよいかなどを学ぶ機会となります。

　絵本の読み聞かせやピアノなどは，子どもの前でやることにより，普段得られない反応から学ぶことが多く，経験すればするほど上手くなるので，自分からやらせてもらえるかお願いをしてみましょう。

❸ 「部分実習」と「責任実習」——担当保育者の指導のもと立案，実践し学ぶ

　部分実習・責任実習は観察実習と参加実習で学んだことをふまえて，いよいよ今度は実際に自分で指導計画を立案し，保育を実践する実習となります。

　担当する実習には，一日のある部分の活動だけを任される「部分実習」と，一日すべての活動を任される「責任実習（全日実習）」があります。部分実習は部分的な活動の指導計画を立案し，実施します。責任実習は日案を計画して一日を担当します。[5]

　指導計画案は，担任保育者や実習担当の保育者に提出し，配属クラスの子どもたちの発達段階や興味にあったものであるか，活動内容や時間配分に無理はないか，もしも時間が余ったら，足りなかったらどうするかなどを考えながら立案したものに助言をいただいて何度も手直しをしながら当日までに完成させていくものです。

▶5　実習先によっては，「部分実習」のことを「部分担当実習」，「責任実習」のことを「全日担当実習」や「一日実習」と言うことがあります。

一日の流れや子どもの姿を把握したうえで，クラス全体の保育を展開しながら，個々の子どもの姿に対応していくため，準備や心構えが非常に重要となります。主活動はいくつか実習前から考えておき，指導計画案を早めに提出していきましょう。

　担任の先生に代わって一日保育を展開するのは実習生にとっては大変緊張もするでしょうし，難しいと感じるものです。しかし，完璧にやろうとするのではなく，立案して実践してみて，「責任をもって先生の代わりにやってみる」ことで初めて見えてくることがたくさんあるのです。計画通りにいかないこと，予想以上の反応がきたこと，自分が実践してみて気づいたことの経験が何より重要です。

Episode 2 🎓　　「彼女よく頑張りましたよ」

　実習中には，学生の実習状況を直接把握するために，養成校の教員による巡回訪問指導が行われます。
　実習生Kさんはピアノが苦手で，責任実習も緊張してうまく弾けなかったと落ち込んでいました。教員が園長先生にお話を伺うと，園長先生は第一声に「彼女すごいですよ」と言いました。「確かにピアノは上手とは言えないけれど，毎朝担任が使わない早い時間に来て練習して，子どもが降園してからまた『練習してもよろしいですか』と聞いて練習して，初日よりも確実に上手になったのを私たちは知っています！　ピアノが苦手だからと代わりに作って来た手袋人形がまたとても可愛く上手にできていて，園にある絵本などを読む実習生が多いなかで，作ってくるその意欲に大変感動しましたよ」と教えてくださったのです。

　責任実習では，「計画通りに進められたか」ということが評価されるのではなく，このEpisode 2のように，責任実習までに子どもや保育の理解を深めようとする意欲や姿勢が見られていたか，どのような準備が進められていたのか，最後まで責任をもって実習できたか，ということが評価されていきます。計画通りにならなくても，準備して担任の保育者に相談しながら計画を立案しておき，当日の子どもの姿に応じて変えたりする工夫を考え実践してみることが大きな経験と学びになるのです。

3　実習までの流れと準備

❶ 実際の実習に向けての事前・準備学習

　図 2-1 のような流れで事前・準備学習や実習が行われていきます。

<table>
<tr><td>養成校での実習指導・
学生の準備</td><td>実習先と養成校間
のやりとり</td></tr>
<tr><td>◇健康診断・必要な検査の実施
◇さまざまな必要書類（個人票・誓約など）の理
　解
◇希望実習先を調べる</td><td rowspan="2">実習先決定に向けた依頼・
調整</td></tr>
<tr><td>◇実習の意義・概要，実習実施の条件・単位認定
　について学ぶ
◇実習別の目的，内容，方法や実習先別の特徴を
　学ぶ</td></tr>
<tr><td rowspan="2">◇実習日誌の書き方を学ぶ
◇実習の計画・記録・自己課題・教材研究・指導
　案の作成を学ぶ
◇事前訪問指導（オリエンテーション）の電話予
　約の仕方・確認事項・実習生としての心構えを
　学ぶ</td><td>実習配属調整・決定</td></tr>
<tr><td rowspan="2">実習配属調整・決定

実習先へ正式依頼状送付

実習先から承諾書到着</td></tr>
<tr><td>◇事前訪問指導時に実習先の保育方針・目標，
　配属クラス・実習のルールなどを知る</td></tr>
<tr><td>**実習直前**
◇実習前に出された課題の完成
◇実習記録の記載，実習先の理解，教材研究など
　の事前学習
◇持ち物等の確認
◇（必要な細菌検査の提出）</td><td></td></tr>
<tr><td>**実習開始**
◇観察・参加・部分・責任実習の実施</td><td>養成校教員による実習先
訪問
学生への実習巡回指導</td></tr>
<tr><td>**実習終了後**
◇実習後，実習の日誌を提出・返却
◇実習先にお礼状を書いて送付</td><td>実習先から出勤票・評価
票受け取り

実習謝礼の送付。</td></tr>
<tr><td>◇自己評価を行い，実習先と教員から評価を受け，
　今後の自己課題を再設定する。</td><td></td></tr>
</table>

図 2-1　養成校での事前学習や準備学習の流れ（例）

➡出所：筆者作成。

それでは，実習を迎えるまでのステップを見ていきましょう。

① 実習指導授業

　実習の前の事前学習として，まず，養成校において「教育実習指導」「保育実習指導Ⅰ・Ⅱ」を履修し学びます。実習に必要な検査や書類の手続きを進めながら，実習そのものの意義や目的を学び，自分が行きたい実習先のことについて学んでいきます。次に，実習に必要な記録の書き方や，事前訪問指導前に予約をする際のやり方や実習生としての心構えを丁寧に学びます。

　実習直前にはもう一度実習に必要な手続きを確認していきます。

② 教員や職員・実習センター等のサポート

　実習はひとりで取り組むものではありません。学んでいる途中でわからないことはそのままにせず，教員や職員，実習センターに聞きに行き，自分で学習を進めていきましょう。実習中には，実践の場で保育者からの助言と指導をいただきながら，日々の振り返りと省察を繰り返しながら学びを深めていきます。巡回指導の際は，困ったことや，うまくいかないことがあったら相談することができます。実習後は実習先からの評価と，自分の反省と評価，養成校での事後学習によって，実習でのすべての経験を次に活かしていけるように，今の自分を受け止めて学びを深めていきましょう。

③ 実習先とのやりとり

　実数先決定に向けた依頼や調整など実習先として決定する頃から，実習が終了して出勤票や評価票の受け取りなどのすべての手続きが終わるまで，実習先と養成校との間で緻密なやりとりが行われていきます。

❷ 実習先決定後の準備

　実習先が決まったら，どのような準備や学びをしていくのか見ていきましょう。

① 実習先の理解

　それぞれの実習先には保育理念や方針・目標があります。日々展

開される保育への理解を深めていくためには，まずは実習先について学んでいくことが大きな手がかりとなっていきます。

　実際に理解を深めていくために，以下5点などを含めて調べていきましょう。

　・実習先の沿革
　・実習先の方針・理念・目標と特徴
　・保育の内容や一日の流れ（可能であれば全体的な計画[6]，指導計画・デイリープログラムを見せていただきましょう）
　・実習先の規模（職員数，クラス・子どもの人数，設備）
　・実習先の所在する地域の様子と立地環境の特徴

　実習先の周りの環境は，保育に大きく影響します。自然豊かなのか，住宅の少ない商業地区なのか，車道が狭く散歩の時に注意が必要なのか，など「立地環境」「周りの建物や住宅」「車道・歩道・公園」「交通量，人通り」「人口層」「自然」「地域の活動」などの面からあらゆる地域の特徴を自分の目で調べてみましょう。

　自分で調べるところを調べ，実習先からも事前訪問時などにさらに教えていただき理解を深めていきます。

② 実習先の事前訪問

　実習先が決定したら，実習の1か月前には実習先に電話をかけ，事前訪問（養成校によってはオリエンテーションという）をお願いします[7]。事前訪問は実習の担当者と実習中の注意事項，配属のクラス等について細かく打ち合わせしていくものです。この事前訪問によって実習先の雰囲気や実習生として求められていることを知り，実習に向けて必要なことが現実的に見えてくるため，非常に重要なものとなります。

---

[6]　2018年に施行された保育所保育指針・幼稚園教育要領・幼保連携型認定こども園教育・保育要領では，「保育課程」「教育課程」の名称を共通のものにし，教育と保育を包括的に行い保育の質を向上していくために「全体的な計画」となりました。子どもに長期的な見通しをもち，子どもや家庭の状況や地域の実態や保育時間などを考慮しながら作成していくものです。この「全体的な計画」に基づいて指導計画・保健計画・食育計画等を作成していきます。

[7]　この事前訪問の電話から実習はすでに始まっています。適切な敬語を使用していけるよう，不安な人は丁寧にはっきりとした口調を心がけ，電話の練習をしてみましょう。メモ帳を手元に置き，登降園の忙しい時間帯を避け，同じ期間に一緒に行く学生がいる場合は代表者がかけましょう。

Work 2 🖉　ペアになってメモを片手に電話の練習をしてみましょう。

①【丁寧に名乗る】
「○月○日からそちらの園で実習させていただきます（＿＿）養成校（＿＿）学科（＿）年の（＿＿）と申します。恐れ入りますが実習担当の先生をお願いできるでしょうか」
→人が代わるたびに名乗る。

②【担当の先生が電話口に出られたら】

「そちらの園で実習させていただくことになりました（　　）養成校（　　）学科（　）年の（　　）と申します。
この度は○月○日から○月○日までの実習で大変お世話になります。つきましては，オリエンテーションをお願いしたいのですが，ご都合のよいお日にちを教えていただけないでしょうか。」
日程，時間，持参物，実習担当の先生のお名前について確認します（自分の授業や試験と重なる場合は，事情を説明し変更を丁寧にお願いする）。

③【日程を復唱する】
「○月○日○時に，（　　）（全員の名前）がお伺いいたします。よろしくお願いいたします。お忙しいところありがとうございました。」

④【相手が電話を切ったことを確認してから，電話を切る】

　　実際に，事前訪問に行く際は，清楚な服装（スーツがよい）や実習生らしい身だしなみで行き，余裕をもって到着しているようにしましょう。
　　持参するものは①実習の日誌，②養成校からの書類（実習生個人票・実習生出勤簿・実習生評価票等），③筆記用具，④上履き，⑤メモ帳，⑥印鑑などがあります。
　　実習先で会った職員や先生方には自分から名乗り笑顔で挨拶を心がけましょう。
　　事前訪問時に確認したいのは主に表2-2の項目です。積極的に自分から学びに向かう姿勢を示しながら，教えていただき実習が始まってから困ることがないように確認しメモをしていきましょう。実習生が書いてきた個人票をもとに会話しながら配属先を検討されることもあります。

❸ 実習直前の準備

　　事前準備として何を学んでおくのか，何を準備しておくのかということが，実習が充実したものになるかどうかにかかってくるとも言えます。
　　まずは，養成校の授業で学んだ乳幼児の発達や実習先の社会的役割，実習の意義と目標を復習し，「幼稚園教育要領」「保育所保育指針」「幼保連携型認定こども園教育・保育要領」等を読み直しましょう。そして，実習先で生活している子どもや利用者の発達や特

表2-2　事前訪問時の確認事項

確認事項	✓
✓　保育・教育方針，理念，沿革	
✓　実習生の保育の入り方：配属クラスと年齢，仕事内容，部分実習・責任実習の予定	
✓　概要　実習先の園舎等の環境，職員数など	
✓　行事予定：実習時期の実習生の参加の仕方	
✓　実習期間・勤務時間の確認	
✓　日誌の提出方法（退勤時 or 翌朝か，どこに誰に提出か）	
✓　出勤時と保育中の服装と靴	
✓　保育中のメモの仕方	
✓　実習中にかかる諸経費（給食費等の金額や支払い方法）	
✓　日々の反省会の有無，質問できるタイミングや時間帯	
✓　実習中の心構え，実習生として気をつけること	
✓　実習中の持ち物の確認（※表2-3のチェックリスト参照）	
✓　実習先の年間指導計画，お知らせ	
✓　課題，準備するもの	
✓　よく歌っている季節の歌	

➡出所：筆者作成。

徴などについて十分学習をしておきます。

　次に，実習先について調べましょう。事前訪問の時にいただいた実習先のパンフレットや資料，ホームページ，指導計画などによって，実習先が大切にしている理念・沿革，特徴やルールを理解します。

　実習中の通勤方法や連絡方法等も確認しておきましょう。実習中に運休や台風，雪などの悪天候による遅延などが起きる場合があります。当日に慌てないように，事前に交通手段は通常のものと，いくつかのルートを確認しておきます。実習先までの所要時間，交通手段，道順を確認しておき，早めの出勤を心がけましょう。

　実習先と養成校への日誌の提出日や，実習先と養成校への欠席時の連絡方法，持ち物の確認（表2-3）等については，不明な点は実習前に確実なものにしておきます。

　オリエンテーション時に配属のクラスが決まっている場合は，その年齢やクラスにあった部分実習・責任実習のために準備が必要なものを再確認していきます。

　用意しておく絵本や紙芝居・手遊びなどは，お昼寝前のものと活動の合間にやるものでは内容が異なるためいくつかの種類を用意し，

表2-3 実習の持ち物チェックリスト

実習に持参する持ち物チェックリスト	☑
✓ 実習日誌・指導計画案	
✓ 印鑑・朱肉・保険証のコピー・筆記用具	
✓ 健康診断書・細菌検査証明書	
✓ 実習ノート，メモ帳，クリアファイル	
✓ 給食の場合【配膳用エプロン・三角巾・マスク】 ✓ お弁当の場合【お弁当・マグカップ・箸】	
✓ 着替え一式・ビニール袋 ✓ （水や泥・嘔吐物がかかることがある）	
✓ 名札（安全な素材・取れにくいもの）	
✓ 室内外用の靴（脱ぎ履きが簡単にできるもの）	
✓ ハンドタオル・ポケットティッシュ	
✓ コップ・歯ブラシ	
✓ 季節によって用意するもの【夏】帽子・水着・短パン・バスタオル【冬】上着（フードや紐なし）	
✓ 保育に必要な教材・絵本・楽譜など	
✓ 国語辞典（電子辞書）※正しい日本語で日誌等を書くため	

➡出所：筆者作成。

人前や鏡の前で声に出して練習しておき，絵本などはどのような持ち方がよいかなど助言ももらっておきましょう。ピアノ伴奏も実際に歌声と一緒に弾くと上手な人も指が止まってしまうことがあるので，誰かに歌ってもらいながら弾くのもよい練習になります。

　部分・責任実習で予定している主活動の内容は，天気や時間の変更などいろいろな状況に備えられるように，導入の時にやるもの，体を動かすものと，静かに座ってやるものなどいくつか種類を用意しておくだけでも，準備が明確になっていきます。

　敬語の使い方や，基本的な生活に必要な家事や掃除・調理・洗濯の仕方を練習しておき，実習を全うする体力の基盤となる生活リズムを整えて備えましょう。実習指導の教員や実習センター職員など，さまざまな人たちが実習生のサポートに当たっています。ひとりで立ち向かおうとせず，わからないことは相談し，不安なことを一つ一つ解消しながら，実習の実践の場に少しでも貢献できるような実習にできるように準備していくことは，きっと今後の人生にひとつも無駄になることはないでしょう。

Book Guide

・新田新一郎（責任編集）汐見稔幸（著）『汐見稔幸　子ども・保育・人間──子どもにかかわるすべての人に』学研教育みらい，2018年。
　一生懸命な学生は必死にメモを取ることに頭がいっぱいになりがちですが，「子どもになってみる」ことから子どもの楽しんでいる世界を知り，子どもから学ぶという姿勢と保育をする勇気や楽しさを教えてくれる１冊です。
・佐伯　胖（編著）『「子どもがケアする世界」をケアする──保育における「二人称的アプローチ」入門』ミネルヴァ書房，2017年。
　子どもが感じている本当の気持ちを理解していくために，「良く生きよう」とする存在である子どもに問いかけながら，どのように「モノ・ヒト・コト」にかかわっていくのかを知る手がかりになる１冊です。

Exercise

1. 保育実習Ⅰ（保育園・施設），教育実習（幼稚園），保育実習Ⅱ（保育園・施設）のそれぞれの目的・目標を整理し，自分が学びたい点を書き出しましょう。
2. ０歳から５歳クラスの年齢に合った手遊び・絵本などを表にしてみましょう。
3. 実習に向けて，自分の苦手なこと（実習日誌を書く・ピアノの伴奏，人前で話すことなど）を書き出し，今から取り組めることを考え発表し合い，さらに取り組めそうなことをお互いに助言し合ってみましょう。

第3章

実習日誌の書き方，活かし方

閉じられたパラソルのなか，保育者と共に見上げて子どもたちは何を楽しんでいるのでしょうか？　「私はこう思うなあ」とその理由も含めてまわりの人と語りあってみましょう。

みなさんはどのように読み取りましたか。自分の思いをうまく相手に伝えられましたか。また，他者の考えを聞いて，なるほどそうかもしれないと思えましたか。もしかすると，正答があるのではないかと思っていた人もいるかもしれませんね。

　保育の場面を読み取る時には，恐れずに「私はこう感じた」ということを表明し，なぜそう感じたのかという理由を語ることが大切です。そして，あなたの読み取りを他者と共有するとともに，他者の考えにも「そうかもしれない」と見方を共有し，可能性を広げていくことが重要です。なぜなら保育ではそのように子どもの理解を広げ，多角的に見ることを大切にしているからです。

　実習でも自分の感じたことを捉えて，「私はこう感じた」と実習指導者などの多様な他者と共有することが必要です。そのために実習の記録があるのです。この章では，実習日誌とは何か，記録の書き方や活かし方などについて学んでいきます。

1　実習日誌の役割

実習には記録があります。実習の記録の役割は，記録をして自分の実習体験を振り返ること，実習先の保育者や学内の教員に自分の実習体験を伝えることです。保育記録の記載は保育現場でも重要性が高く，大切にされています。この章では実習中に記録を書くこと，実習日誌の書き方や活かし方について考えていきましょう。

実際に，多くの実習生にとって記録の負担感は大きく，時に記録が上手くいかない実習生がいるのも事実です。次のエピソードはある実習生の実例です。

Episode 1 　何を記入すればよいのだろう

保育時間中の子どもたちとの関わりはとっても楽しいのですが，夕方になって実習日誌を書く時になると何を書いたらよいのかわからなくなってしまいます。深夜まで記録用紙に向かっているのですが，楽しかったことはいっぱいあるのに「楽しかった」と書くわけにもいかず困ってしまいます。寝不足になり，結局保育中も本調子ではなくなって，実習が辛くなっていきました。

実習日誌への記入が思うように進まないと，実習自体も辛くなってきてしまいます。実習日誌の記入に時間を使い過ぎてしまい，寝不足で日中の活動に力が入らなかったり体調を崩してしまう原因になったりしてしまいます。こうならないためには，実習日誌をどのように記入するのかについてのポイントを知り，実習に臨む必要があるのです。

第2節〜第4節では，ポイントを3点あげて説明していきます。1点目は，実習での目標や課題の明確化，2点目は実習日誌の構造と記載方法の理解，3点目は，書く時の基本的な注意点の理解です。まずは，目標や課題の明確化について考えていきましょう。

2 実習での目標や課題を明確にするために

❶ 関心のあるテーマを絞る

　保育現場では，とてもおもしろくて新鮮な出来事が同時多発に次々と起こっていますので，実習生として実践の場に入る時には，あまり漠然と参加するのではなく，テーマを絞って保育に参加する方が，保育のおもしろさや奥深さが見えてきます。

Work 1 🖊 実際に知りたいことを決める

　今までの授業等での学びを進めてきて，保育のなかで実際に知りたいこと，見たいこと，体感したいことは何でしょうか。さまざまな科目の視点から考えて，話し合いましょう。

　1年生から今まで，幼稚園教諭養成課程や保育士養成課程の授業において，さまざまな視点からの学びがあったと思います。「保育原理」「教育原理」「心理学」「乳児保育」「保育内容」「保育内容指導法」「子育て支援」「計画と評価」など多くの専門科目で，保育のこと，子どものこと，子どもを取り巻く環境のことなどを学んできています。このような学内の授業から学び得た事柄が，実際の保育実践ではどのように展開されているのか，実際の子どもの姿はどのようであるのかという視点をもち，テーマを絞って見ようとする姿勢が重要です。

Work 2 🖊 自分の課題を達成するために

　ボランティア，職場体験，プレ実習など，今までの保育現場での体験や子どもと関わった経験などを通して，現時点で自分が課題だと感じていることをあげて話し合いましょう。なるべく具体的な場面を通して話し合いましょう。

　保育者を目指すにあたり，子どもと関わったり保育現場に足を運んだりした経験のある人がいると思います。また，前回の実習で感じた自分の課題をもっている人もいると思います。その時のことを思い出して，「もし，もう一度同じ場面に出会うなら」とイメージして，「次はこんなふうに子どもに関わってみたい」，「このような視点で保育を見てみたい」といった思いを表現してみましょう。このように，過去の経験から今の自分の課題や目標を明確にしようとする姿勢が重要です。

❷「実習」での到達目標

　第2章で示したように，各実習においてその実習で達成したい実習目標が設定されています。上記の自分の目標や課題と見比べて，改めてどのような学びが「実習」で求められているのかを把握し，それに向けた準備を「実習指導授業」を通して進めていきましょう。
　改めてEpisode 1を振り返って見ましょう。Episode 1の実習生は「楽しかったことはいっぱいあるのに」書けないと悩んでいました。これは，自分の目標やねらいが意識化されていない状態，つまり保育現場で何を学びたいのかという視点が明確になっていない状態であると言えます。視点をもって実習に臨むことが，自分の学びの振り返りにも他者への伝達にも重要なのです。

❸ 記録するという営みの専門性

　保育では記録すること自体が大切な営みです。保育者は保育中の出来事を振り返って記録します。たとえば，その時の子どもの気持ちや行為の意味について，子どもの内面まで考えながら記録することを通して，子ども理解を深めていきます。また，子どもへの自分の関わりについてどうだったかを改めて省察し，援助の在り方や今後の計画の作成につなげていきます。このように記録を書くことによって，子ども理解を深めたり，援助の過程に対する反省や評価を行ったりすることで，日々保育の質の向上につなげているのです。実習においても，子どもの内面まで考えながら記録すること，子どもへの自分の関わりについて省察していくことが専門性の向上に必要なのです。

3 実習日誌の構造と記載方法の理解

➡1　実習日誌は，大学などの各養成校によって体裁は多少異なります。自分の使用する実習日誌を確認しましょう。

❶ 実習日誌の構造

　保育現場では，「計画」→「実践」→「振り返り」の循環構造を大切にしながら実践しています。実習生も同様にこの循環のなかで学びを深めていくことが求められています。実習日誌では，この循環を意識できるような構造になっています。たとえば，記録用紙の「実習の目標」や「実習の自己課題」といったページは長期的な計画・目標であり，それに対応して「実習の成果」のページで実習全体を振り返ります。日々の記録用紙のページにある「本日の実習の目標・課題」や「指導案」は短期的な計画・目標であり，それに対しての振り返りを「反省・考察」の欄で行います（図3-1）。

❷ 実習先の概要の記録

　第2章でも述べていますが，実践されている保育の内容の意図や

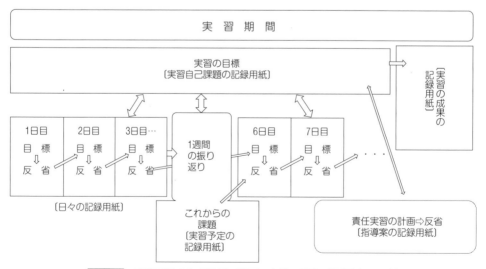

図3-1　実習日誌での「目標・計画→実践→反省（記録）」の関係

➡出所：筆者作成。

意味についての理解を深めるためには，実習先についての理解を深めていく必要があります。たとえば，具体的に保育者が子どもに援助している場面を実習生が見たとして，その関わり方の背景には，その園が大切にしている保育方針や保育理念や保育目標があり，その子どもを取り巻く背景や環境があるのです。保育者は，そのようなさまざまな思いや状況を鑑みて，意図をもって関わっているのです。そのような関わりの本質を理解するためには，その園の考え方や環境などの理解，指導計画の理解などが必要なのです。

実習日誌の実習園の概要のページには，「実習先の沿革」「実習先の方針・理念・目標」「保育内容の特色」「実習先が所在する地域の様子と特徴」「園の見取り図・園の設備」「園児数およびクラス編成」「職員構成と職務上の分担」「勤務形態」「諸規則」「子育て支援」「地域交流」などがあります。これらは，実習前に調べたり，実習先でのオリエンテーションで教えていただいたりしたことを整理して記録します。この内容が，日々の保育場面における子ども理解や保育者の援助の理解とつながっていることを意識しておきましょう。

❸ 日々の記録の記載項目

一日の実習での学びを，その日の保育の内容と共に書き表すのが日々の実習日誌です。毎日記録する項目がありますので，日々気にしながら当日の朝には内容を確認できるようにしましょう。

① 配属クラス名・配属年齢・在籍園児数・出欠

保育を行っていくうえで，毎日の子どもの出欠把握を正確に行うことは欠かせません。実習指導担当者がどのようにして，日々の出欠確認を行い，記録しているかを見て学ぶと同時に，わからない場合は，教えていただきましょう。

② 本日の予定・主な活動（保育のねらい）

原則として実習開始前の朝に，配属クラスの当日の予定や主な活動，保育のねらいなどを実習指導担当者に教えていただきましょう。

③ 本日の実習の目標・課題（実習生のねらい）

　前日の「反省・考察」をもとに，自分なりに当日の目標・ねらい・課題等を設定します。それを念頭に置きながらその日の実習に臨むように心がけましょう。抽象的な表現ではなく，具体的・重点的に見ておきたい点，学びたい点について記入しましょう。

④ 本日の実習の反省・考察

　その日に立てた「本日の実習の目標・課題」を軸に振り返ります。その日の実習体験で気づいたこと，考えさせられたこと，保育者からの指導で学んだこと，新たに見えてきた課題，明日の目標など，視点をもって書きます。実習生の気づいた点，よくわかった点，難しい点，努力したい点，今後に生かしたい点などが，実習指導担当者に伝わるように記入しましょう。

❹ 日々の記録方法の種類

　一日の実習での学びを記載する記録方法はいくつかの種類があり，それぞれに学びの視点が異なります。実際の保育記録でも，目的によって記録の方法が変わることを理解しておくとよいでしょう。²

① エピソード記録（図3-2）

　エピソード記録は，「子どもの行っていることや思っていること」「保育者の関わりのこと」「自分の関わりのこと」などを，実習生の視点から省察することにより，専門的な理解を深めることに重点をおいた記録方法です。具体的には，実習生が実践のなかで何らかの形で心揺さぶられた「出来事」「場面」をエピソードとして切り取り，視点をもって振り返ります。そしてよく考察し，子どもへの理解を深めたり，保育者の援助の意図を考えたり，自分自身の関わりや援助のあり方を省察していくのです。実際の保育現場でも，子どもの育ちの理解や援助のあり方の検討などにおいて役割を果たす重要な記録方法です。

② ドキュメンテーション（図3-3，図3-4）

　近年，文字だけでなく写真や映像で可視化された保育記録が増えています。可視化により，子どもの遊びのプロセスやそこでの学び

➡2　保育の現場で用いられる記録には，個人の様子に焦点を当てた記録，子ども同士の関係性に注目した記録，環境図で書き表す記録，計画にもとづいた記録など目的によってさまざまに用いられます。その他にも，保護者とのコミュニケーションを目的とした連絡帳，お知らせ，ポートフォリオや，法令で義務づけられた記録や行政の監査対象となる帳簿（「幼稚園幼児指導要録」「保育所児童保育要録」「児童票」）などがあります。

20××年1月××日×曜日天気（晴れ）		実習生氏名　○　　○　　○　　○	
3歳児クラス たんぽぽ組	出席24名・欠席　2名	担任 　○　　○　　○　　○　先生	

本日の保育の ねらい・主な活動	・東方公園へ散歩。
	・凧あげを通して体を動かして遊ぶ楽しさを味わう。

本日の実習の 目標・課題	・子どもの遊びの様子をよく観察し，何を楽しんでいるのか理解する。

時刻	1日のおおまかな流れ	エピソード（出来事）とエピソードに対する考察
8：30	○順次登園・身支度 ○好きな遊びを楽しむ 　室内 　・こままわし　・パズル 　・お絵描き　・積み木 　園庭 　・砂場　　・スクーター 　・鬼ごっこ	①　ローラー滑り台を滑ることが楽しくなったTくんは，小石と一緒にローラー滑り台を滑り降りることを思いつく。Tくんが滑ると，小石も一緒について滑ってくる。Tくんは嬉しそうに何度も小石と一緒に滑る。石と共に滑り台を滑っている時のTくんは，ずっと小石を見つめており，滑り終わると両手に小石を持ってすぐに滑ろうと夢中で坂を登って滑り台を滑ろうとしている。
9：50	○片付け	小石と一緒に滑り台を降りている時のTくんの嬉しそうな表情や，ずっと小石を手放さず一緒に居る様子から，Tくんは小石に対して親近感や愛着をもっているように感じた。Tくんの視線は常に小石に注がれ，共に滑ってきてくれる小石は，Tくんにとって大好きな存在となっていっているようだった。このことから，子どもは大好きな物と共に遊ぶことにより，安心感をもちつつ遊びに没頭できることがあるのだろうと学んだ。
10：00	○集まり	
10：05	○散歩準備 　・トイレ	
10：15	○東方公園へ出発	
10：25	○到着後好きな遊び 　・ローラー滑り台　① 　・ブランコ 　・凧あげ　② 　・鬼ごっこ	②　AくんとBくんはビニール袋の凧を持って何度もポールを折り返して，楽しそうに走っている。時々走りながら後ろを振り返り，凧の様子を確かめている。しばらくして，Aくんが実習生のところに来て，「先生は走らないの？」と，不思議そうな表情で聞いてきた。返答に戸惑い「うん，まあ」と応えると「一緒に走ろうよ！」と飛び跳ねながら誘ってくる。ルールを説明されたあと3人で一緒に走ると，なんだかとても楽しかった。
11：10	○園に向けて出発	Aくんがなぜ私に「走らないの」と聞いて来たのか，その意味がよくわからなかった。しかし，一緒に走ってみると，凧を持って一緒に走ることの楽しさがわかった。ただ走るのとは違い，風の抵抗を受けながら凧と一緒に走っている感覚がおもしろく，またその感覚をAくんやBくんと一緒に体験することでつながりを感じられた。いま考えると，Aくんは私におもしろいのに何でやらないのか，おもしろさを一緒に味わおうよ，と思って誘ってきたのではないかと思った。子どもと共に遊ぶことで，子どもの気持ちに共感することができるのだと改めて感じた。
11：25	○園到着	
11：30	○給食準備	
11：50	○給食	
12：20	○片付け，午睡準備	
～～～	～～～～～～～～～～～～	
16：30	順次降園	

◆本日の実習の反省・考察
　今日は，昨日の遊んでいる子どもの思いを感じ取れなかったという反省を活かして，子どもの遊びの様子をよく観察し，何を楽しんでいるのかを理解しようと努めた。子どもの目線や集中していることを一緒に見てみようとすると，子どもの気持ちが見えてくるような感覚になった。特にTくんが，石と一緒に何度も滑っている時の表情や一生懸命な姿から，一言も会話をしていないのに石への気持ちや一緒に石も滑り降りることを楽しみたいという姿勢が感じ取れた。今まで積極的に関わらないといけないと思って，すぐに子どもに声を掛けていたが，その子の楽しみが見えてくると，簡単に声を掛けてはいけない場合もあるのだと感じた。明日は，自分の言葉掛けについて考えながら実習を進めていきたいと思う。

◆実習担当者のご助言・ご指導

図3-2　エピソード記録の例

➡出所：筆者作成。

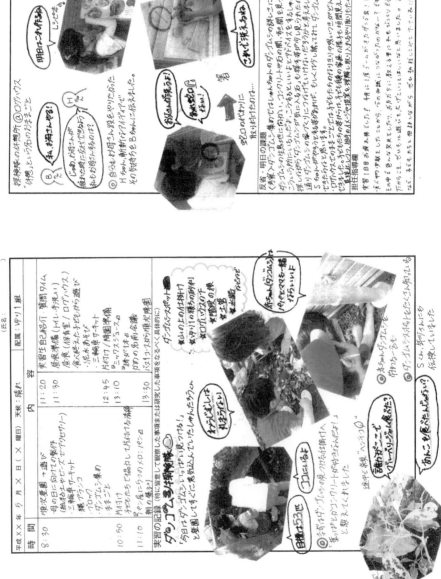

図3-3 ドキュメンテーション型記録の例（1）

⬆出所：学生の実習記録より。

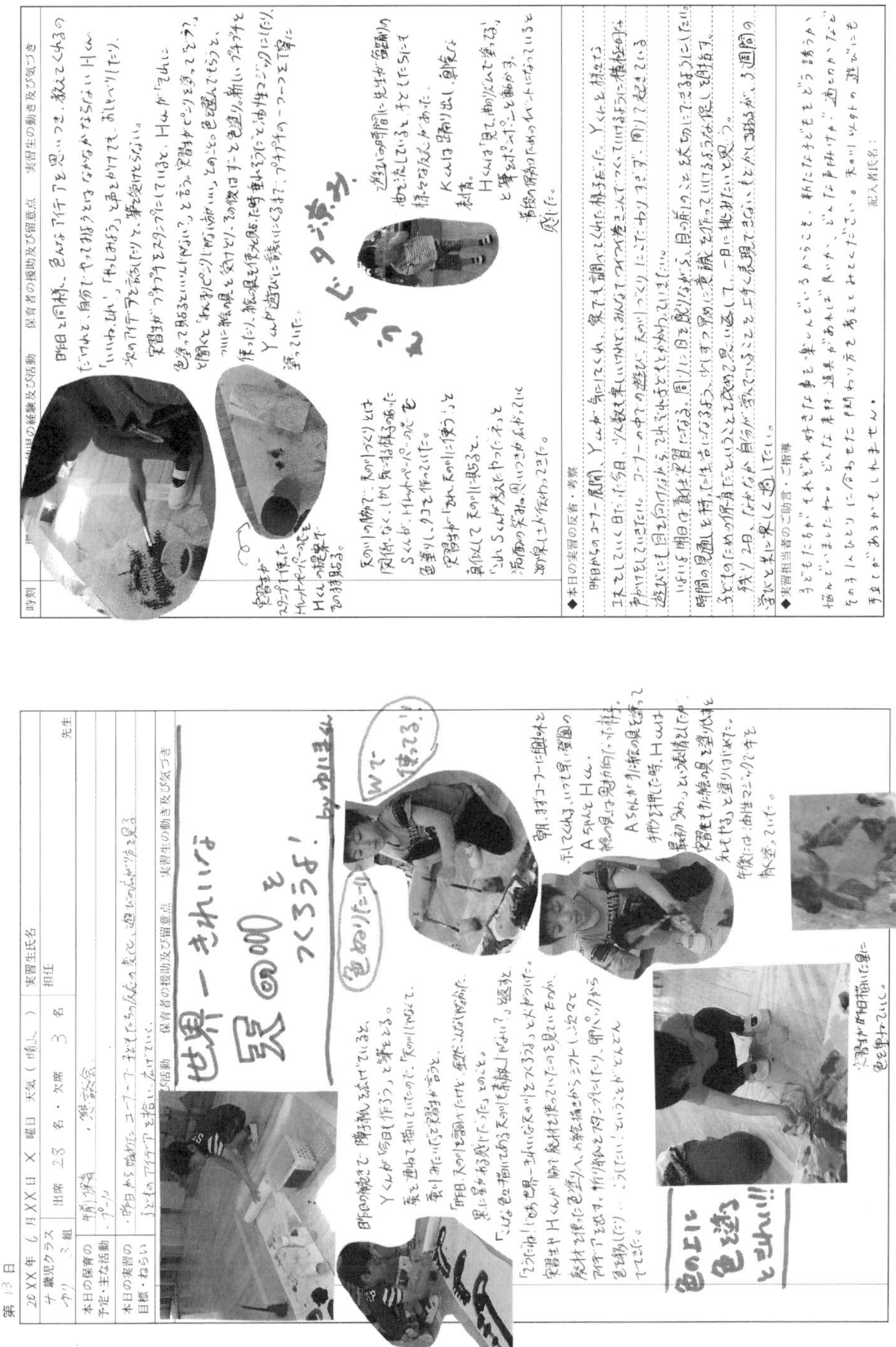

〔記録用紙5（時系列）〕

第13日

20XX年 6月XX日 X 曜日 天気（晴れ）		実習生氏名	先生
〇歳児クラス 〇〇組	出席 28 名・欠席 3 名	担任	
本日の保育の予定・主な活動			
本日の実習の目標・ねらい			

時刻	子どもの経験及び気づき	保育者の援助及び留意点	実習生の動き及び学びの気づき

◆本日の実習の反省・考察

◆本日のエピソード感想・考察

◆実習担当者のご助言・ご指導

記入者氏名：

図3-4　ドキュメンテーション型記録の例（2）

出所：学生の実習記録より。

の理解がわかりやすく伝わることで，より実践の質を高めていく記録となることが期待されています。ドキュメンテーションと言われるこの記録は，多様な他者との対話を導くことができるツールとして使用されています。これを実習日誌に用いる取り組みが始まっています。実習生は写真を見ると子どもの姿・自分の気持ちが蘇ってくると言い，文字だけ書くより伝えやすく，保育者の指導や今日の捉えと明日の計画や目標が見えやすくなる効果があります。エピソード記録同様に，子どもへの理解を深めたり，保育者としての関わりや援助のあり方を学んだりする時に役立ちます。

③ 時系列記録（図3-5）
　一日の流れやそれぞれの時間帯での「環境構成」「子どもの経験および活動」「保育者の援助および留意点」「実習生の動きおよび気づき」などの関係に重点をおいた書式です。一日の流れを把握したり，各活動でのそれぞれの動きや援助・配慮を理解したりする時に役立ちます。実習の初期に使用することが一般的です。

4 実習日誌を書く時の基本的な注意点

❶ 実習日誌を書く姿勢

　実習日誌を書く姿勢として大切なことは，まずは相手が読みやすいかどうかという他者性をもつことです。自分の文章の書き方や表現方法の特徴やくせをつかみ，自分が体験したことや考えたことを，どのように書けば相手に伝わるのかを意識していきましょう。また，丁寧に記述することも大切です。実習指導者はあなたの記録を読んで，あなたの学びに必要なコメントを考え指導してくださいます。字のきれいさではなく丁寧さが実習に取り組む誠実さとなり，相手に伝わります。
　しかし，実習日誌の記述にばかり囚われてしまうと，実践での醍醐味を味わうことにつながらないことがあります。Episode 2の実習生の場合を見てみましょう。

〔記録用紙８（時系列形式）〕

第 1 日

20XX 年 6 月 XX 日 × 曜日 天気（はれ）		実習生氏名	
3 歳児クラス いちご 組	出席 15 名・欠席 1 名	担任 先生	
本日の保育の予定・主な活動	保育参観（半日保育） あそぼうかい（未就園児）		
本日の実習の目標・ねらい	3 歳児（いちご組）の子どもの様子を知る。 保育参観・あそぼうかいの様子を学ぶ。		

時刻	環境構成	幼児の経験及び活動	保育者の援助及び留意点	実習生の動き及び気づき
8:10	〈保育室〉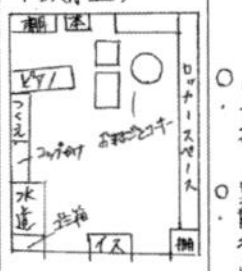		○環境整備 ・おままごとコーナーを設定する。	・登園前に様々な環境整備がなされていることを知った。
8:30		○1番バス園児登園 ・テラスに座り、先生と挨拶をする。	・笑顔で元気に挨拶し、楽しく明るい雰囲気の中で子どもを迎える。	●子どもと笑顔で明るく挨拶をする。 ・元気な子どもの挨拶に元気な挨拶で迎えることで気持ちに応えていると感じた。
		○野菜を見に畑へ行く。 ・自分のクラスや友達が育てている野菜を見る。 ・先生や友達と畑での出来事を話す。	・危険につながらないよう門の管理を徹底する。 ・子どもとの会話を楽しみつつ、畑を踏まないよう声掛けする。	●子どもと一緒に畑へ行く。 ・野菜の育ちだけでなく、雑草や土を踏んだ感覚等、興味関心を持ち楽しんでいることを知った。 ・子どもの言葉を再度繰り返すことで子どもの思いを受け止めていると感じた。
9:00	〈園庭〉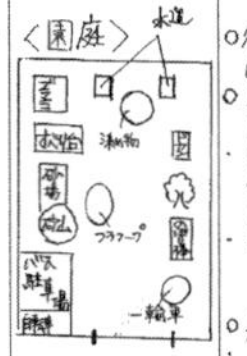	○徒歩通園児、バス園児 順次登園 ○朝の活動 「アブラハムの子」 ・先生の声に合わせて歌をうたったり、体を動かしたりする。 ・自分の鞄を取りに行く。	・登園してきた子どもや保護者と明るく元気に挨拶をする。 ・登園バスに配慮し、活動場所を確保し、行う。 ・子どもの様子を見守りつつ、一緒に歌をうたったり、体を動かしたりする。 ・鞄かけが倒れないよう手で支える。	●朝の活動に参加する。 ・年齢が上がると、友達同士でコミュニケーションをとりながら活動を楽しむ姿が見られた。 ・最後に同じポーズをとるという、言葉だけでなく体で活動の終わりを示すことは大切だと感じた。
		○身支度をする。 ・上履きに履き替えて鞄と帽子はロッカーへしまう。 ・連絡ノートをカゴへだす。 ・水を一杯飲んでコップをコップかけにかける。	・子どもの姿を見守りつつ、必要に応じて「連絡ノートだしたかな」「上履きはこう」等と声を掛ける。 ・身支度ができているか確認をする。	●子どもの身支度の様子を見守る。 ・一人一人、身支度にかかる時間の差はあるが、先生の声掛けに応えながらひとりで身支度をやりきれることを知った。
		○好きな遊びをする。 ・おままごと、本を読む、外遊び等	・外遊びへ行く子に「いってらっしゃい」と声を掛ける。 ・子どもの遊ぶ姿に目を向けつつ、連絡ノートを見る。 ・他の先生と連携し、教室が子どもだけにならないよう配慮する。 ・外遊びを提案する。 ・室内を片付ける。	●子どもと遊びながら子どもの様子を知る。 先生の動きを知る。 ・役割を持ってごっこ遊びをする姿が見られた。役になりきって楽しむ子やその雰囲気を楽しむ子がいることを知った。 ・家でのごっこ遊びから、お祭りに行く、そのためには電車に乗る。というようなストーリーの展開にそって遊びを展開し、その中でさらに心惹かれる遊びに出会う姿を知った。 ・外遊びでは自ら遊びを見つけ、それに向かい楽しむ様子を見ることができた。
		○片付けをする。 いちご組の部屋に戻る。 ・上履きに履き替え、トイレ、手洗い、水分補給をし、コップを鞄へしまう。	・やることを終えた子に集まってほしい場所を、先生が座ることで子どもたちへ示す。	●子どもの様子を見守りつつ、声掛けをする。

時刻	環境構成	幼児の経験及び活動	保育者の援助及び留意点	実習生の動き及び気づき
11:50	〈保育室〉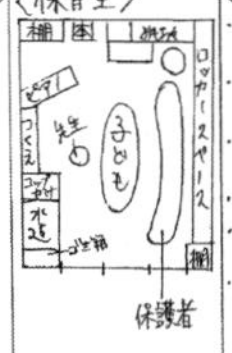	○クラスの活動 ・グーチョキパーの手遊びをする。 ・保護者参加型のゲームの説明を見る。 ・保護者友達・先生と一緒にゲームを行う。 ・帰りの準備を行う。 ・椅子に座り先生から連絡ノートを受け取る。 ・椅子を片付けて靴を履き替えテラスへ移動する。	・グーチョキパーの手遊びをする。 ・保護者の方と一緒に座る子どもにも目を向けコミュニケーションをとれるよう配慮する。 ・保護者参加型のゲームを実際に見せながら説明する。 ・子ども、保護者と一緒にゲームを行う。 ・準備をする子どもを見守りつつ、必要に応じて声掛けや援助をする。 ・ひとりひとり名前を呼び、連絡ノートを返却する。 ・テラスへ移動するよう声を掛ける。	●クラスの活動に参加する。 ・妊娠中の保護者の方に椅子を差しだす等、子どもと向き合いながらも教室全体を把握し活動を行っていることを知った。 ・言葉だけでなく、実際やって見せることで理解しやすくなるだけでなく活動に対する興味も大きくなると感じた。 ・子どもと保護者の方が一緒にゲームを楽しめるよう、保護者にも声かけを行う。 ・特定の友達と手をつないだり、隣りに座りたい等こだわりが見られた。
		○順次降園 ・先生と「さようなら」の挨拶をする。	・保護者や子どもと「さようなら」の挨拶をする。	●保護者や子どもと「さようなら」の挨拶をする。 ●環境整備を行う。
14:00		○あそぼうかい ・砂場、色水、しゃぼん玉、水鉄砲、遊具等好きな遊びをして過ごす。	・担当の遊び場につき、子どもと一緒に遊んだり、保護者とコミュニケーションをとったりする。	●子どもと一緒に遊ぶ。 ・同じ砂場でも面白いと感じる部分が異なり、様々な遊び方等を知ることができた。 ・幼稚園とはどのような場所か、子どもの育ちについて等、入園前の保護者の方は様々な不安を抱えていることを知った。
15:00		・片付けをして、みかん組の部屋へ移動する。 ・マジックや紙芝居、歌等を見る。 ○順次降園 ・先生と「さようなら」の挨拶をし、降園する。	・片付けをする。 ・片付け忘れがないか確認しつつ、「着替えありますか」等保護者へ声掛けを行う。 ・マジックや紙芝居等楽しい雰囲気を大切に参加する。 ・プレゼントを配りながら保護者や子どもと「さようなら」の挨拶をする。	●片付けをする。 ・部屋への移動がスムーズに行えるよう保護者に声を掛けたり使っていたものを片付けたりと先生同士の連携を学ぶことができた。 ●保護者や子どもたちと「さようなら」の挨拶をする。 ・挨拶は保護者と先生、保護者同士がコミュニケーションをとれる貴重な時間であることを学んだ。

◆本日の実習の反省・考察

3歳児クラスのいちご組に入り、体験・観察する中で想像していたよりもひとりでできる事が多いことと子ども同士の関わりがあることを知った。また、遊ぶ姿からは遊びの楽しみ方は同じことをしていても異なることを知った。

本日の実習での反省点は、遊びだけを切りとって見るのではなく、その前後のできごとまでしっかりと見るということ。そして、目に見えていない範囲を把握しようと努めることである。反省会で先生からご指導いただいたことへの理解を深めると同時に、子どもの通常保育での様子を知り、表情の変化を見たり、遊びの展開の仕方について理解を深めるようにしたいと思う。

◆実習担当者のご助言・ご指導　初めて子どもたちと関わるということで、緊張したのではないですか。今日は参観だったので、子どもたちもいつも通りの生活とはいきませんでしたが、先生も感じたように、一人ひとり自分のペースで考えて行動しています。実習の中で、子どもたちの姿からいろいろなことを学べると良いですね。

記入者氏名：

図3-5　時系列記録の例

➡出所：学生の実習記録より。

Episode 2 　日誌はよく書けているけど

　保育時間中，実習指導担当として実習生に話しかけたり，実習生が子どもと関わる様子を見たりしていても，なかなか表情やしぐさに表れない学生さんで，何を考えているのかよくわかってあげられず心配していました。しかし，翌日提出された実習日誌には細かい記録が書かれていることにびっくりしました。そんなふうに感じていたならもっと積極的に保育を楽しめばいいのに，まるで記録をしっかり書くために日中の保育を見ているように感じられる実習生でした。

　実習日誌をしっかり書かなければという思いが強すぎると目の前の子どもとの関わりから学ぶことがおろそかになったり，実践してみて体感してわかることを逃してしまったりします。

　Episode 2の実習生は，今までの学校生活などの経験から，知らないうちに教師や指導者といわれる人からの評価を気にする傾向がありました。実習日誌が成績評価に影響があると強く思い過ぎると，いかに日誌をしっかり書こうかということに囚われてしまいます。保育の現場は，おもしろい子どもの世界が広がっています。その世界を子どもと共に創造する保育者の思いも溢れています。その世界で純粋に心動かされたことを残しておきたい，記録しておきたいという気持ちを大切にしましょう。そのなかで，観察実習，参加実習，責任実習などの実習のプロセスに応じて，日々目標をもって実習に臨みそこでの経験を素直な思いと共に記述するように心がけましょう。

❷ 実習日誌に必要な文章表現

　保育中の出来事を通しての学びを相手に伝えるためには文章で表現する技術が必要です。普段から日常の出来事を記録するなど，書く経験を積み重ねていくことが必要です。その際，場面を知らない読み手が情景をイメージできるように具体的に書くこと，自分自身のその時の思いや感情も共に書き表すことが大切です。また，書いている時点で当時のことを振り返ると相手の気持ちや自分の言動がどうだったのかという考察を書き加えることを意識するとよりよいでしょう。書いた内容を友人などに読んでもらうことも貴重な経験となります。

❸ 実習日誌の記載時の留意点

以下に主な記載時の留意点をまとめます。

・誤字，脱字に注意しましょう。指導者が誤字ばかり修正していると，一方的な指導になりがちで，子ども理解や保育者の援助について，子どもの言動に目を向けて一緒に考えていく機会がおろそかになってしまいます。

・記録は，自分のしたことや感想をただ書き連ねる"日記"ではないことを理解しましょう。

・紙面に合った文字の大きさで，丁寧に相手が読みやすいように書きましょう。

・保育者や子どもの名前の記述の仕方ついて実習指導担当者に確認しましょう。

・線は定規でまっすぐに引きましょう。

・「先生」などの敬称を入れましょう。

・「おトイレ」「お集まり」「お片付け」など，記録においては接頭語の「お」は不必要につけないようにしましょう。

・子どもへの保育者の関わりを表す時には，「〜してあげる」「〜してもらう」「〜させる」は極力避けましょう。

・行為者（主語）を忘れずに書きましょう。

・「話し言葉」ではなく，「書き言葉」で書きましょう。

5　実習日誌の活かし方

　第2節でも述べましたが，実習の記録の主な目的には，「記録をして自分の実習体験を振り返ること」「実習先の保育者や学内の教員に自分の実習体験を伝えること」があります。実習中も実習後も自分自身との対話やいろいろな他者との対話のツールとして活用します。

　あなたが実習を終えて，しばらく経ってから実習日誌を見返してみると，きっと当時とは違う感情が湧いてくるでしょう。指導者の助言や自分の考察を読み直すと，実習当時の自分と今の自分との対

話が起こり，当時とはまた違う学びや意味が今の自分に生まれてき
ます。それは，あなたの見方や考え方が日々変化，成長し，考察が
深まっているからです。そのような変化を次の実習や次の学びに活
かすために，授業内での仲間とのディスカッションや養成校教員と
の振り返りに実習日誌を大切な資源として用いてほしいと思います。
実習の成果や課題から，次の課題の発見や保育という営みの意義や
魅力の理解に役立ててほしいと思います（第9章参照）。

Book Guide

・吉村真理子『保育実践の創造（吉村真理子の保育手帳）』」ミネルヴァ書房，2014年。
　吉村真理子氏の約30年にわたる実践記録です。子どもや保育者への温かいまなざしと，生き生
　きとした描写により，保育のおもしろさや豊かな世界が浮かびあがってきます。
・岸井慶子（編著）『保育の視点がわかる！　観察にもとづく記録の書き方』中央法規出版，
　2017年。
　何を書けばよいのかがわからず困っている新任保育者をサポートする1冊です。30の保育場面
　から，保育者として見るべき視点と，観察にもとづいた記録の例やその活用法を具体的に解説
　しています。

Exercise

1. 紙飛行機や鬼ごっこなど幼児期に楽しんだ遊びを実際に友達とやってみましょう。その時の出
　来事を友達の言動や行為の意味に注目してエピソード記録として表してみましょう。
2. （各章のはじめの写真など）子どもの写真を1枚グループの真ん中において，その子どもの行
　為の意味や援助の方法を多面的に考えてみましょう。同じ写真でも人によって見え方が違うこ
　とを記録してみましょう。

第 4 章

実習に必要な心構え等の準備

保育のなかでは，子どものこころもちを大切にしています。この写真の子どもと保育者は，糸電話で何かを伝えあっています。今，まさに，この子どもの思いを受け止めようとする保育者の姿勢があります。あなたは，どのような心構えで保育の場に赴きたいですか？

保育者は子どもが安定した情緒の下で自己を十分に発揮できるように配慮し，共感的に関わることを通して信頼関係を築いています。また，一人一人の特性や興味・関心に応じて子どもにとってふさわしい生活の展開を，子どもと共に創り上げるようにしています。実習生として園の保育に参画する時，そのような保育展開を妨げないような心構えや準備が必要になります。また，保育者として，社会人としての姿勢や倫理も理解しておく必要があります。この章を通して，実践の場で学ぶにあたっての姿勢を理解しましょう。

1　実習に向けての基本的な心構えと準備

❶ 実習に向かう「自分」のあり方

　次のエピソードは，学生のNさんが幼稚園の実習に行って2日目に，養成校の実習担当教員である筆者に電話相談してきた内容です。少し，驚くような内容かもしれませんが，一緒に考えていってみましょう。

Episode 1

Nさん「先生，実習を続ける自信がないです。」
筆　者「どうしたの？　何か困ったことがあったかな？」
Nさん「担任の先生に嫌われている気がする……。何も教えてくれないし，保育中は無視されているみたいだし。今日は，子どもを遊びに誘ったら叱られちゃいました。」
筆　者「そうだったのね。でも，どうしてそう思うのか，もう少し話を聞かせてね」……

　Nさんは実習に緊張しているようですが，とても真面目に頑張っていました。「子どもにどのように対応したらいいですか？」と質問したり，遊んでいない子どもには積極的に声をかけたりして意欲的だったのです。ところが，担当保育者はNさんが求める通りには質問に答えず，「あなたはどうしたらいいと思う？」と尋ね返されてしまい，子どもを遊びに誘った時には，「まずは，子どもの遊びを見守っていてね」と言われてしまったと言います。それでNさんは，担当保育者に，自分の行動をすべて否定されてしまったと感じて悲しい気持ちになってしまったようでした。
　しかし，子どもの側に視点をおいてみると，筆者には，Nさんを担当してくださった保育者は，とても丁寧にNさんを育ててくださろうとしているように感じられるのです。Nさんの「どう対応したらよいか」との質問には，ただ「やり方」を伝えてその通りにさせようとするのではなく，まずは「あなたは，どうしたらいいと思

う？」とＮさんが考えをめぐらせ，行動できるようにと仕向けています。そして，その考えるためのヒントは，他ならぬ子どもの姿のなかにあるのですから，「子どもの遊びを見守り，よく見てね（そうすればわかるよ）。」と，「実習生である自分」がどうであるかよりも，まずは，そこにいる「子どもたち」の姿をよく見てごらんなさいと示されたのかもしれません。

① 子どもたちの日常に「お邪魔させていただく」

　実習生の立場から見た時，実習は免許および資格を取得するための必修の要件で，資格のための（自分のための）「学びの場」であるかもしれません。しかし，そこにいる子どもたちにとっては，「自分たちの日常の場」，つまり，「子どもの場所」なのです。実習を受けてくださる園は「子どもたちの日常」を，保育を学ぶ実習生のために開いてくださっているのです。

　先の Episode 1 でＮさんは，自分なりに一生懸命実習に取り組もうと保育者に質問をしたり，子どもを遊びに誘ってみたり，とても頑張っていたと思います。本当に意欲的でいい実習生なのです。ただ，「（実習生である）自分」を中心に「実習の場（園）」を考えてしまった時，担当してくださる保育者は「（実習生である）自分」の先生であるはずなのに，保育を教えてくれない人のように感じられ，子どもを遊びに誘ってはいけないと意地悪を言う人に見えてしまったのでしょう。しかし，保育現場の中心は「子ども」であるというように視点を変えたなら，その保育者は，子どものことを自分と一緒に考えてくれる人に見えてきませんか。もちろん，Ｎさんも保育者の気持ちがわかると，さらに意欲的に質問もして，最後まで楽しく実習を終えることができましたから，安心してくださいね。

　このように，実習園は単に「（自分にとっての）実習先」である前に，そこに遊び生活する「子どもたちのための大切な場」であることを覚えておきましょう。ですから，子どもたちの場所にお邪魔させていただき，子どもの姿から学ばせていただくという気持ちが大切です。そして，たとえ実習生であっても，そこにいるもうひとりの保育者として，「子どもの姿から保育者と共に保育を考える人」であろうとする必要があります。

② 積極的な態度と誠実な姿勢

　実習園で営まれている保育に興味をもち，積極的，意欲的に参加しましょう。自分のできることを考えて探し，わからないことは聞きましょう。そのようにして，担当の保育者とコミュニケーションをとるように心がけていると，保育者の考えや保育の意図にも触れることができ，保育や子どもに対する理解がすすむはずです。実習生としての自分の保育を振り返り，考察して，保育者の意見をうかがうようにしましょう。

　また，実習生も子どもたちにとっては，一人の「先生」として受け止められます。時には，子どもの側から自分を眺め，保育者としての自分を自覚しましょう。子どもが安心できるような丁寧で，責任ある誠実な態度と姿勢で実習に臨みましょう。

③ 園の保育を理解する

　実習では，子どもたちに対する理解だけでなく，園の保育に対しても理解を深める必要があります。事前に資料やホームページを調べて読んでおくとよいでしょう。

　保育の形態や方法は園によって実に多様です。この多様さゆえに，自分が養成校で学んできた保育とは異なっていると感じられる部分があるかもしれません。また，保育者によっても保育のあり方には個性や違いがありますから，どう考えたらよいのか迷ってしまうこともあるかもしれません。しかし，否定的に受け止める前にまずは，自分なりに精一杯そのよさを見つけ，理解するよう努めましょう。

　どのような園でも，その保育は，「子どもたちにとってよい保育を」という思いからはじまっているはずです。それでも，何か心配なことがある場合は，養成校の担当教員に相談をしましょう。

❷ 服装，マナー，子どもや教職員との関わりについて

① 服装や私物の管理について
○服装

　園への通勤時の服装は，基本的にできる限り清楚で，派手やルーズではない服装を選びましょう。しかし，何より清潔であることは重要です。園へうかがううえで，ふさわしい服装に迷う場合は，家族や友人に確認してもらうのもよいでしょう。

保育中は，活動しやすく汚れても気にならない服装にしましょう。実習園の保育者が身に着けている服装が参考になります。エプロンや名札の着用，服装の色使いやキャラクター柄など，求められることが園によってさまざま異なりますから，実習前のオリエンテーションの際に，しっかりと確認しておきましょう。

〇私物の管理

　実習期間中の私物の管理責任は，すべて自分にあります。実習に不要な金品は持参しないことです。アクセサリー類などは，実習に不要なだけでなく，保育をするうえでも危険です。また，持ち物や着替えを自分ひとりのロッカーに入れて管理できるとは限りませんので，持ち物や着替えをまとめられ，中身が見えないようチャックや巾着式などでカバンの口が閉まるものを用意できるとよいでしょう。

② 社会人のマナーとして，ルールや約束を守る

　実習を行ううえで，社会人としての基本的なルールとなるのは，時間と約束を守ることです。ひとつ目の「時間を守る」では，実習園への出勤時間に遅刻しないことです。約束の時間には仕事を始められる必要があります。着替え等の準備の時間も考慮して，10分程度の余裕をもって到着できるよう自宅を出ましょう。

　次に，「約束を守る」では，主に提出物などの期限を守ることです。実習ノート等の日々の記録に加えて責任実習の指導案など，実習がすすむと提出物も増えていきます。提出の期限についても常に確認をして厳守しましょう。

　そのほか，わからない時には自己判断ではなく，遠慮せず担当の保育者にうかがうようにし，園の独自のルールにも応じられるよう十分に配慮して臨みましょう。

③ 子どもや教職員との関わりについて

〇子どもとの関わりについて

　実習生は子どもたちにとっては，保育者に準ずる存在です。保育者がするその姿を参考にしながら，子どもたちに向き合います。子どもと目と目の高さを合わせ，心の高さも合わせて，笑顔で丁寧な行動を心がけましょう。子どもたちと話をする際の言葉づかいでは，子どもたちの親しみのある態度につられてか，言葉がくだけて雑に

なったり，威張った口調に聞こえたりする場合があります。子どもたちとの会話にも，親しみやすさと共に丁寧さも求められますから気をつけましょう。

　また，保育者は，子どもに何かを「教えてあげる」とか「してあげる」存在ではありません。子どもをひとりの人間としてみることや，自ら育とうとする存在として尊重することは，保育者としてとても大切なことです。そのような気持ちが，子どもたちの前で態度となって現れるのです。

　このように，子どもたちを大切に思って関わりをもっていると，子どもたちは，実習生に対しても先生として特別な親しみをもって接してくれます。「いっしょにあそぼう」「となりにすわろう」と言葉を掛けてくれたりします。とても嬉しいことなのですが，時に困ったことに発展することもあります。次のエピソードを読んで，自分だったらどのように応えるか，考え合ってみましょう。

Episode 2　　　子どもとの約束

　Aちゃんは，広告の紙を細く丸めてステッキを作ると，その先に折り紙で折ったハートの紙をセロテープで丁寧に留めました。

Aちゃん　　　「先生にあげる！」

実習生Fさん「わぁ，素敵。ありがとう！　嬉しいな。」

Aちゃん　　　「本当のやつはね，ハートのところが光るんだよ。Aちゃんの家にあるんだよ。見せてあげるね。今度，お家に来てね。」

実習生Fさん「見せてくれるの？　ありがとう。今度，行けたらね。」

Work 1　　　子どもの気持ちをどう受けとめる？

　子どもたちとの約束を大事にすることとは具体的にどのように行動することなのか，みなさんで考え合ってみましょう。

　子どもたちは実習生が大好きになると，「こんど家に来てね」などと言って親しみを表現することがあります。そんな時，実習生は嬉しい気持ちと，断るとかわいそうという思いから，何となくごまかして応じてしまうことがあるかもしれません。Fさんも「うん，

今度ね」「行けたら行くね」などと応えてしまいました。しかし，この時の「こんど」は決して訪れない「こんど」で，そのことが，子どもの気持ちを深く傷つけてしまうことにもなりかねません。果たせない約束は，むやみにしないことです。子どもだからとか，遊びの中だから何となくうやむやにする……という態度は，子どもたちに対してとても失礼な関わりです。誘ってくれたことが嬉しかったことを伝えたうえで，約束できないことははっきりと伝える必要があります。

　子どもとの関わり方，子どもに向かう姿勢のなかには，その人自身の子どもに対する考え方や，保育観が垣間見えます。あなたは，子どもに誠実に向き合っていますか？

○教職員との関わりについて

　実習中は少なからず緊張するので，どうしても硬い表情になりがちですが，できるだけ笑顔を心がけましょう。笑顔の人には笑顔を返したくなるものです。表情が笑顔になれば，自然と気持ちもやわらいで緊張が解けてくることでしょう。その際の笑顔に添える，言葉遣いにも注意を払いましょう。実習園の教職員と交わす言葉は，親しい友達同士で使う言葉と同じではなく，目上の人と話す言葉づ[1]かいが求められます。言葉づかいは急に改善することはできませんので，日頃から注意しておきたいものです。

　笑顔や言葉づかいと同じように大切なのは，挨拶です。自分から気持ちのよい挨拶をするよう心がけましょう。笑顔で目を見て「おはようございます」と声をかけられれば，たいていの人はそれを心地よく感じ，応答してくれます。基本的には，園の保育者，職員の方々，園児や保護者の方々にも挨拶をしましょう。そこにいる人が誰なのかわからなくても，園のなかでお会いした方はその園に関わる方ですから，誰であろうと挨拶できるとよいですね。どんな時でも，関わる人に誠実さや明るさが感じられると，その場は柔らかく温かくなるものです。

　また，担当の保育者とのコミュニケーションは，実習を成功させるための重要な鍵となります。わからないことは，積極的に質問や相談をしましょう。実際には，「こんな単純なことでも？」「何度も質問しては迷惑なのでは？」「相談のタイミングが難しい」などと，戸惑うことが多いかもしれませんが，あまり躊躇しないことです。すぐに質問や相談ができれば，悩みを早い段階で解決することにな

▶1　アルバイト先で，敬語には慣れているという人でも，その業界の特有の言い回しがあるようですから，注意が必要です。

るはずです。

○保護者との関わりについて

　保育において，保護者との関わりは重要ですが，実習生が保護者と深く関わることはほとんどありません。しかし，場合によっては，保護者が園児のことについて実習生に質問してくることもあります。何か答えなければならない気持ちになるでしょうが，立ち入った内容については発言を避けて，「そのことについては担任の保育者にうかがってください」と返答するとよいでしょう。実習生の言動がその後の大きな問題となることもありますので，保育者によく相談しながら注意深く動くことが大切です。

❸ 健康を管理すること

　保育の現場では，保育者の健康状態が，関わる子どもたちに大きく影響を及ぼします。ですから，実習生にとっても，まずは自分が健康であることが，子どもたちの健康にとっても大事なことになります。実習に向かう前に，必ず健康診断を受けるのはそのためです。持病などがある場合，症状を薬などでコントロールできていることが重要で，事前にかかりつけの医師に相談しておくことが必要です。そして，養成校の実習指導教員に必ず，医師からの診断結果を伝え，実習にどのように臨むべきかを相談しましょう。場合によっては，実習先にも知らせることが必要になるかもしれません。

　社会人の責任として，簡単に職場を休むことはできませんから，子どもたちを守るためにも，自分の健康管理は重要なのです。園生活に合わせた生活リズムを意識して作り，食事や睡眠にも気をつけた生活時間を保つことも健康管理には必要です。実習に行く少し前から，生活習慣を園生活に合わせておくことは，実習期間の健康管理の助けになるかもしれません。

　実習期間中は，慣れない環境のなかで緊張を強いられ，体調を崩しやすいものです。また，子どもたちに囲まれ，流行性の疾病にもかかりやすくなりますので，うがい手洗いの励行などに努めましょう。しかし，気をつけていても，体調を崩したと感じたら無理は禁物です。特に感染する病気の疑いがある場合は，速やかに受診し，医師の指示に従う必要があります。子どもたちも，自分も健康でいられることを心がけましょう。

➡2　インフルエンザについて
養成校や実習園により異なりますが，実習の時期によっては予防接種を受けることが義務づけられる場合があります。確認しましょう。

❹ 実習園での事前オリエンテーション

　実際に実習を行う少し前には実習園へ訪問し，事前オリエンテーションが行われます。実習園の園舎内や園庭を見学し，実習に必要な事柄についてうかがい確認することが目的です。主に以下のような内容で行われます。

① 園の概要についての説明をうかがう

　園内の見学も含め，保育方針や施設・設備などの説明をうかがいます。見学に際して保育室を見せていただく時には，保育者に気持ちのよい挨拶を心がけましょう。保育方針や特色，沿革などについてもうかがいます。事前にホームページなどで確認できることも多いのですが，園のパンフレットなどをいただけるのであれば，それをいただくととても参考になります。

② 実習の内容について確認する

　実際の実習の流れや内容などについて打ち合わせをさせていただきます。内容については，勘違いや聞き間違いを避けるためにも，必ずメモをとり必要に応じて復唱します。以下のことを確認できるとよいでしょう。

- ・実習期間，勤務日（土曜勤務の有無など）の確認
- ・実習の時間（朝の園への出勤時刻と退勤時刻）
- ・配属クラス（配属年齢・異年齢児クラスか，在籍人数や状況）
- ・実習内容（保育への参加の仕方，保育以外の仕事の内容）
- ・子ども・保育の様子について（１日の生活の流れ，遊び，歌など）
- ・実習期間中の園の行事予定，行事への参加の仕方
- ・実習日誌について（子どもの記名方法，記入方式，提出方法など）
- ・あらかじめ準備しておくこと（絵本，ピアノ曲など）
- ・部分実習および一日責任実習などについて
- ・実習中の注意事項（服装，持ち物，昼食，経費など）
- ・実習中に特にお願いしたいことなど　　　　　　　／その他

---

③ 持ち物・提出物・注意事項などを確認する

　持ち物については実習園によっても異なります。園独自のルールもありますから，この事前訪問時に必ず確認しておきましょう。以下に一般的な内容を示します。参考にしてください。

〈持ち物〉

　実習日誌　筆記用具　メモ帳　印鑑　名札　運動靴（外履き）

　上履き靴　保育中に着る服（着替え，エプロン，三角巾など）

　弁当　コップ　事前に指示のあった提出物　諸費用など

　実習前，実習中，実習後に課される提出物や，実習中にかかる諸費用（昼食代など），保育中の服装やエプロン着用の有無などについても確認しましょう。また，細かいことのようですが，名札も対象の子どもの年齢によっては，大きさや素材を選ぶ必要があります。心配な時には，この事前訪問時に現物を持参して確認してもよいでしょう。

　その他，指導案などの提出物については，その期限や提出の方法も確認しましょう。

2 実習期間中の留意事項

❶ 実習生の１日における留意事項

　実習生の１日の流れを想定し，具体的にはどのような点に留意すべきか，皆さんで考えてみましょう。

⑦家を出発し実習園へ向かう

　園への途上では，保育者や園の保護者に出会うこともあります。歩きスマホやながらスマホはせず，周囲に気づかいながら歩きましょう。また，慌てて走って出勤することのないようにゆとりをもって家を出ましょう。電車やバスの時間は調べましたか？

➡3 事前オリエンテーションですでに確認済みの服装に着替えます。保育をするうえで,「ふさわしい服装」とはどのような点を考えて「ふさわしい」のか,園の考えに従うだけでなく,自分でも考えておくとよいですね。

①実習園へ到着

○保育中の服装に着替えます。

　保育にふさわしい服装[3]に着替えます。

○出勤簿に捺印します。

　出勤簿への捺印が実習をしたことの証明になりますので,印鑑を忘れずに持参し,捺印します。出勤簿は,実習終了時まで園で預かっていただきます。園によって保管場所は異なりますが,園長室や職員室に保管されることが一般的です。

○実習ノート・実習日誌や課題等の提出を行います。

　期限を守ることはもちろんですが,提出物に,ゆとりをもって目を通していただけるよう早めの提出を心がけましょう。

②欠勤・遅刻・早退について

　実習期間中の欠勤・遅刻・早退については,実習園と養成校の両方に速やかに連絡を入れる必要があります。養成校によっては実習訪問の教員にも連絡を入れるよう指示されていることがあります。

> ⇒教員の訪問時に実習生が欠席ということのないようにしましょう。
> ⇒欠勤・遅刻・早退をした際には,その分の補填（延長）をお詫びとともにお願いし,その結果を養成校にも知らせましょう。
> ⇒欠勤・遅刻・早退時の連絡についての自分の養成校の連絡上のルールを確認しておきましょう。

③子どもたちを迎えるにあたって

　子どもたちが登園するまでの間に,保育環境を整えておきます。前日の片付けや掃除の後に,子どもの遊びや活動を充実させるための材料を配置し,設定を行うなど,大方の環境構成は行なっておきますが,当日の朝,天候を見て,保育室の窓を開けたり,冷房や暖房を入れたりします。園庭では,雨に濡れた遊具を拭く,掃除,遊具を出す,砂場を整えるなどの確認をします。

　また,保育者間では,今日の保育についての確認事項など,打ち合わせをします。毎日状況が変わることがありますから,特に複数でクラスを担当している場合は必ず行います。

　実習生は,この慌ただしい朝の中で,保育者の仕事を理解し,自分のできるサポートに努めていきましょう。

①保育中……

　子どもたちが登園して保育がはじまると，保育者と子どもとのかかわりのなかから実習生は多くの学びを得ていきます。実習方法の運びは養成校や園の考えにより異なることもありますが，主には観察実習，参加実習を経て，部分実習や責任実習にすすんでいきます。

　観察実習の期間中は，実習園の子どもたちが何を楽しみ，どんなことに興味関心をもっているのか理解することに努めるようにします。同時に，保育者がどのように子どもを理解し，環境を整え，援助をしているかを具体的に見ていきます。その際，冷静に，外側から観察するだけでなく，自分も子どもの遊びに参加しているような気持ちで観察し，できるだけ子どもと状況を共有するよう心がけましょう。

　参加実習では，子どもたちとの関わりのなかで実習を進めていくことになります。その際，自分からどのように子どもたちの中へ入っていったらよいのかわからず，子どもたちから声がかかるのを待っているというような状況になりがちです。そうなると，いつも同じ子どもだったり，友達との関係より大人との関わりを求めている子どもとの関わりが増え，その子どもにとっても課題が増えることにもなりかねません。参加実習の間に一人一人の子どもたちを知り，努めて積極的にいろいろな子どもと関わりをもち，さらにはクラス全体の雰囲気も感じられるとよいですね。

Work 2 ✏

観察・参加実習で……

観察・参加実習であなたは何に気をつけますか？　具体的なイメージは？　いくつか挙げてみましょう。

　部分実習や責任実習では，自分自身が提案する保育のなかで，実際に子どもと関わりながら学んでいきます。そこでは，これまでの実習の期間に見てきたはずのことなのに，いざ自分が行うとなると具体的にどのように声をかけ，援助を行っていけばよいか戸惑うこともあるでしょう。また，子どもの遊びを充実するために，あらかじめ教材をどのように準備し，状況に応じてどのように補っていくかという，しっかりとした準備と瞬時の判断も求められます。安全への配慮も欠かせません。園の保育者に指導をいただきながら，

しっかりと立案し，積極的に実習を行っていきましょう。

Work 3 ✏ 部分・責任実習で……

部分・責任実習で，あなたは何に気をつけますか？　具体的なイメージは？　いくつか挙げくみましょう。

⚪️保育者の役割をよく見て，一緒にやってみる

　保育中にも保育者は，テーブルや椅子を動かしたり，食事の準備や教材の準備をしたりと，保育の状況，子どもの様子に応じてよく動いています。実習生も保育者のひとりとして，保育者と共に動くようにしましょう。保育者がすることを自分もしてみることで，保育者の子どもへの関わりの背後で行われている環境構成の重要性に気づくことになります。環境構成のなかにこそ，保育者のねがいや意図があらわれていますから，積極的に保育者の手伝いを行うなかで，よく見てよく感じましょう。

　ただ，食事場面でのアレルギー児への対応など特別な配慮を要する場合もあります。機転を利かせて動くことは大切ですが，その場で保育者に確認することは何より必要になります。保育者の細かな配慮について，近くで感じながら自分も行ってみましょう。

⚪️明日の保育に向けて

　子どもたちが降園した後（保育所では午睡時など），清掃を終えると，保育者は今日の子どもたちの姿を記録に収めながら，その日の保育を振り返り，翌日の保育計画を練り直します。そして，今日，捉え直した子どもの姿に応じて，保育の環境を整え，明日の保育に備えます。保育後に翌日の準備をするなかにも，子どもの姿と保育者の意図は常に示されています。最近では，保育ウェブなどの方法を用いて，日々子どもの姿から保育を更新していく計画や準備の方法が主流になりつつあります。子どもの姿や遊びに応じて「つづいていく遊び」を大切に計画することができるので，遊びを残しておくことも準備のひとつになったりします。その保育環境がどのように意図され準備されているのか，よく見て感じ取ってほしいものです。

　実習生自身もまた，一日を振り返り，保育記録と反省を明日の保育に向けて，実習ノートに記載します。実習園の先生方と掃除をしたり保育環境を整えたりするなかで，疑問に思ったことを尋ねることも大切です。反省会などの時間をもっていただけるようならば，すすんでお願いしましょう。その際に，個々の子ども理解とその援助，保護者との関わりなどについて，具体的に要点をまとめながら質問できるよう準備しておくとよいでしょう。

　また，実習の時期によっては行事などで，園がとても忙しいことがあります。そのような時は，園の実状を踏まえ，保育環境の準備などに積極的に加わり，そこでの保育者の仕事を理解していくことが求められます。

❷ 実習期間中の留意事項

① 事故やケガなど

　実習中の事故やケガには主に2つの場面があります。子どもの場合と，実習生本人の場合です。

　まずは，子どもの場合についてです。幼い子どもたちが生活する保育の場では，事故やケガへの配慮は常に考える必要があります。リスクとハザードという言葉で，子どもの周りの危険について考え合う機会も増えていて，小さなケガで大きな事故を防ぐと言われるほど小さなケガは起こることを前提に考えられてもいます。ですから，実習生とはいえ，子どもが危険な状況にある時は手を差しのべ援助することが求められます。子どもの事故やケガに遭遇したときは，直ちに，園の保育者に連絡しなければなりません。また，実習生が子どもの事故やケガに関わってしまった場合などには，園の保育者に報告するのみならず，速やかに養成校にも連絡をとり，迅速な対応を行うことが求められます。

　次には，実習生自身の事故やケガの場合です。子どもをかばって自分が転んで骨折をしたり，子どもが急にぶつかってきて捻挫したり，前歯が欠けてしまったりすることもあるかもしれません。子どもを優先して行動している状況では，いつもなら起こらないようなことが起きてしまうものです。医療機関にかからねばならない場合，長期の療養を要する場合など，さまざまなケースがあると思いますが，実習生は養成校において，保険に入っているのが通常です。実

習園の保育者に相談の上，養成校に直ちに連絡を入れ，手続きを行いましょう。

② ハラスメント等への対応

　あってはならないことですが，実習の場で発生する恐れのあるハラスメント（嫌がらせ）として，セクシャル・ハラスメントやパワー・ハラスメントなどがあります。ハラスメントを疑われるような場面に出会ってしまった時には，自分を責めたりひとりで悩んだりせず，すぐに養成校へ連絡をしましょう。もし可能であれば不快であることを相手に伝えることや，受けたハラスメントについて日時や内容を記録しておくなどの対処が必要となる場合があります。

③ 訪問指導の先生とのやりとり

　実習期間中，養成校の教員が訪問指導で園を訪ねてきます。実習生としては先生の顔を見て，これまで緊張していた気持ちがホッと安らぐ時でもあるでしょう。心配なことや困っていたことを相談するための大切な機会です。特に，園の保育者とのコミュニケーションがうまくいかない場合や，園には相談しにくい内容がある場合は，これが重要な機会になりますので，有効に活用しましょう。

　また，自分が相談したい内容があっても，訪問指導の教員が来るのを待っていては対応が遅れてしまう場合もあります。このような場合は，訪問を待たず，早めに連絡することが必要です。実習前に指示のあった緊急時の連絡先（養成校の事務局，実習指導の先生，訪問指導の先生等）を確認しておきましょう。必要であれば，連絡先を自分の携帯電話などに登録しておくとよいでしょう。

3　実習を終えての留意事項

➡️4　本書第9章を参照してください。

❶ 実習園とのやりとりにおける留意事項 ^{➡️4}

① 実習園に対する感謝の気持ちとお礼状の送付

　実習園の保育者が，忙しい中，その指導にあたってくださるのは

なぜでしょうか。多くの保育者は、やがて自分と共に保育を語り合える仲間としての保育者（実習生）を育てたいという思い、そして、自分もまたそのような道筋で育てられたという思いから、実習生を迎え入れているのです。

　実習の最終日には、感謝の言葉を添えてしっかりと挨拶をしましょう。後日、お礼の手紙を書くことも忘れないようにしましょう。

② 実習園への事後訪問

　実習終了後も、実習ノートの提出や受け取りなどで実習園に出向きます。実習最終日には、そのためのアポイントメントを取っておきましょう。事後訪問時にも改めて実習での感謝をのべましょう。また、実習で出会った子どもたちにも会いたいところですが、園の保育者の指示に従い、保育の流れを妨げるようなかかわり方は控えましょう。

③ 実習後のボランティアや園行事への参加

　実習後も園の行事などの参加の誘いを受けることがありますが、学生のうちに保育現場を知ることのできる機会として、積極的に参加し、経験できるとよいですね。また、実習生自身がもっと保育の実践の場から学びたいと感じたなら、ボランティアを自ら希望するなど、園や養成校と相談しながら学びの場を広げていけるとよいでしょう。

❷ 養成校での実習後の留意事項

① 養成校への提出物

　実習ノートや実習報告書など、実習終了後には養成校に提出すべきものがあります。最後まで気を抜かずにしっかりと期限を守り提出を行いましょう。

② 訪問指導の先生への挨拶

　実習終了後は、訪問してくださった先生に、まずは訪問のお礼と、実習での出来事や感想を簡単に述べつつ、無事に実習を終えたことを報告します。

③ 実習を振り返り保育を省察する

　時間が経過しないうちに今回の実習について，自分なりに振り返りましょう。振り返る視点として，下記を参考にしてみてください。

　　1）実習先はどのようなことを大事にしている園だったか。
　　2）実習前に立てた自分の課題についてはどうであったか。
　　3）自分の子どもへの関わりや理解の仕方はどうだったか。
　　4）実習を通して自分が変わったと思う点や反省すべき点は何か。
　　5）保育者や職員から指導を受けたことはどのようなものであったか。
　　6）実習先の評価（他者の視点）と自分の評価との比較からわかることはどのようなものか。
　　7）新たな課題は何か。
など，書き出してまとめましょう。

④ 仲間とのカンファレンス [5]

　養成校によって形は異なりますが，実習を終えた事後の学びとして，報告会や振り返りの授業が行われます。仲間と共に自分の実習を振り返り，カンファレンスする機会はとても重要です。実習園からの評価とはまた違う，第三者の視点で自分の実習を振り返ることになるからです。どのような学びがあったのか，自分の実習でのエピソードについて話し，仲間の考えを聞くなかで，自分の気持ちや考えを，さらに深くまとめる機会にもなります。

　このように，仲間と共に実習の省察をカンファレンスのなかで行うことは，実習や保育に対して考え方の幅を広げ，次への学びにつながります。

➡5 「カンファレンス」は，一般的には「会議」や「協議会」の意味を指しますが，ここではもう少しやわらかい言葉の「話し合い」を指しています。仲間と話し合いを通して学びを分かちあうことを含ませています。

4 保育者の専門性としての職業倫理

❶ 子どもの人権と最善の利益の考慮

　保育所保育指針のなかには，「子どもの最善の利益」を考慮した保育を行うことについて，保育者の専門性として書かれています。

これは，日本が1994年に批准した「子どもの権利条約」の主旨と共通しており，たとえ大人の保護を必要とする小さな子どもであっても，その人権が守られなくてはいけないという考えに帰属します。子どもの最善の利益を考慮し，人権に配慮した保育を行うためには保育者の倫理観，人間性，そして，保育という職業に対する責任の理解と自覚が必要です。自分に与えられた専門性を高めるために常に努力していくことが求められます。

　また，具体的な保育のなかでは，単に子どもをケアするとか，子どもファースト，子ども一人一人に応じるという発想だけではなく，子どもをひとりの人間として関わり，尊重し，接することといえます。

❷ プライバシーの保護と守秘義務

　保育に携わる専門職として，保育者は職務上知り得た事柄については秘密を守らなければならない『守秘義務』が課せられています。実習中は子どもや保護者，およびその家庭に関しての個人的な情報に触れる機会が少なくありません。実習生も保育者として同じように，実習園のプライバシーを厳守しなければなりません。個々の子ども，その家庭に関する情報も口外は禁物です。一人一人の子どもの人権を守るという点からも，慎みましょう。また，実習園の方針や保育内容等についても，安易に口外することは避けましょう。特に，実習園への通勤途上でのおしゃべりは，どこで誰が聞いているかわかりません。保護者や関係者が聞いていることもあり，思わぬトラブルに巻き込まれることもあります。実習中は，実習日誌や記録，園だより，学級だより等，園や個々のプライバシーに関する情報を携帯する機会が多くなります。それらの書類の扱いは，くれぐれも慎重にしましょう。通勤途上の電車やバスの網棚に置いて，降りる時に忘れてしまったということでは，後で取り返しがつかなくなります。実習期間中は，通勤途上も実習であることを忘れず，慎重に振る舞いましょう。

　SNS（Twitter, Facebook, Instagram など）についても，友人知人以外の不特定多数の人に閲覧が可能であることを十分に考慮し，実習に関する書き込みは決して行ってはいけません。特定のグループメンバー内で交わされるアプリケーション（LINE など）を利用し

た書き込みも同様です。

　また，実習ノートや指導計画は，パソコンなどを利用して記録をしたり，実習ノートに写真を加えた形態で記録をしたりする機会もあるかもしれません。それらのデータを保存する際には，データに鍵をかけるなど，くれぐれも気をつけて管理する義務があります。

　このように，たとえ実習生であっても保育の現場では，ひとりの保育者として社会人としてのモラルと責任が問われます。保育者としての自分とはどのような自分なのか，十分にイメージして，この機会によく考えてみましょう。

Book Guide

・子どもと保育総合研究所（編）『子どもを「人間としてみる」ということ——子どもとともにある保育の原点』ミネルヴァ書房，2013年。
　子どもを一人の人間として尊重し，大事に丁寧にかかわる相手として考えようとする時の手立てになる本です。方法論を先行させない，本当の意味での子ども理解について学べる本です。
・浅見佳子・瀬川千津子・宮里暁美・横山草介『子どもからはじまる保育の世界』北樹出版，2018年。
　「保育はすべて，子どもの姿からはじめなければならない」という基本的なことを確認できる本。理論編，実践編，保育者の立場から，保護者を含めた子育ての立場から，「子どもからはじまる保育」を語っています。

Exercise

1. 実習に向かう「自分」のあり方について，具体的に考えてみましょう。
2. そのうえで，実習に向けて，どのような自己課題を立てますか。

第 5 章
指導案作成の仕方

野原でカエルを捕まえた A 君。「ねえ，カエルの歌が聞こえるよ！」と発見を伝えてくれます。あなたなら，A 君の姿から明日以降の保育の展開をどのように考えますか？

保育では，今の子どもの姿から興味・関心を読み取り，明日の保育の展開を予想したり準備物を考えたりすることが大切にされています。これは，既に決まっている活動を子どもに当てはめるのではなく，子ども理解に基づいて保育内容が組み立てられていくという保育の基本的な考え方です。

　実習では，見学実習や参加実習などを経験し，実習の段階が深まると，実習生が実際に保育の展開を考えて実践する「部分実習」や「責任実習」があります。これは，子どもの姿を捉えて保育を計画し，実践して振り返るという保育のプロセスを理解するために行われます。この章では，指導案（保育における計画）とは何かについて学んでいきましょう。

　　見学実習・観察実習などを経験したあと，実習生が実際に保育を展開する「部分実習」や「責任実習」があります。この部分実習，責任実習では，事前に指導案を作成することになります。この指導案の作成が，実習生にとってはとても大変な課題となります。

　　たしかに，指導案を作成することは簡単ではありません。しかし，実習をよりよいものにするためには，いかに指導案を作成するかがとても重要です。ここでは，指導案作成の方法について学びますが，単に作成の仕方を知るだけではなく，保育を深く考えるための方法を学んでいきましょう。

1　指導案作成にあたって

❶ 指導案を立てることの意味

　　なぜ，指導案を立てることが大切なのでしょう。また，どのように指導案を立てることが求められているのでしょうか。ここでは，みなさんの先輩たちの声からその意味を考えてみましょう。

Episode 1　　　Aさん「いろいろな姿をもっと考えておくべきでした」

　部分実習で紙の竹とんぼの製作活動を行いました。ところが，うまく作れないで泣いてしまう子，早く終わってしまい外に出てしまう子，途中で飽きてしまう子などがいました。これははじめから予想できたことですから，そういう時にどうすればよいかをもっと考えておけばよかったと反省しました。

　　指導案は，前もって予想できることがらを予想して準備しておくための重要な役割をもっています。「こんな子どもの姿が出てくるのではないか」，「こんなことが起こったらどうしよう」ということをできるだけ具体的に思い浮かべ，実際にその時の関わり方を考えておくととても役に立つでしょう。

Episode 2 🎓　Bさん「あせらずにできた！」

　私はすぐにあせってしまう方なのですが，ていねいに1日の流れの計画を立てることで，落ち着いて責任実習をすることができました。もし，こういうことがあったらこうしようなど，ある程度イメージしておいたのがよかったのではないかと思います。

　　　　指導案を立てることの大きな意味のひとつに，「見通しをもって」対応することができるようにするということがあります。Bさんも言っているように，実際の場面をイメージしておくことで，ある程度落ち着いて対応できるというよさがあります。

Episode 3 🎓　Cさん「担任の先生からアドバイスをもらえてよかった！」

　なんで，指導案をこんなに詳しく書かなければいけないのかと思っていました。でも，担任の先生の指示通りに「指導上の留意点」を詳しく書いたら，丁寧に一つ一つアドバイスをしてもらえました。丁寧に書くことでたくさん話ができて，当日の実習にすごく役立ちました。

　　　　担任の先生によってさまざまですが，指導案を丁寧に書くことで，たくさんアドバイスをもらえたということがよくあります。自分ひとりで考えるだけではなく，担任の先生のアドバイスが加わることにより，実習当日がずいぶん安心した気持ちで迎えられるのではないかと思います。

Episode 4 🎓　Dさん「子どもの発達をもっとおさえておくべきでした」

　部分実習でフリスビーの製作活動をしました。4歳児なのでハサミとかけっこう使えると思ってやってみたら，あまり上手ではなくて「せんせい，できない」と私を呼ぶ声ばかり。途中でやる気をなくしてしまう子もいて，大失敗でした。子どもがどれくらいハサミを使えるかなどの発達の状態を前もっておさえておくべきでした。

　　　　指導案を作る際に，子どもの実態を捉えることがとても大切です。単に指導案を形式通りに作ればいいのではなく，ハサミはどれくらい使えるのか，どの程度の経験があるかなど，子どもの姿や経験をしっかり事前におさえておくことが必要です。

68

❷ 部分実習と責任実習

　部分実習，責任実習を行う際に指導案の作成が必要となるわけですが，この「部分実習」「責任実習」で求められている実習の方法や意味する内容は，実習園によって捉え方が微妙に異なります。部分実習，責任実習を行える回数はその園の考え方や実態，あるいは養成校からの依頼の仕方によっても変わってきますので，自分が今回どのような実習形態でどの程度行うのかを，実習前によく確認し，しっかりと事前の準備をしておくことが必要です。

① 部分実習

　部分実習とは，ある一定時間帯を実習生が任されて保育を行うことです。一般には4つくらいのパターンが考えられます。第1には，降園時に絵本や紙芝居を読んだり，手遊びをしたりするなど，簡単な活動を行うパターンです。この場合は，特に指導案作成が必要ないこともあります。第2には，日常の生活場面のある時間帯を担当する形態のパターンです。具体的には，朝の会や帰りの会，昼食時などを担当します。第3には，一斉活動の時間帯を担当し，活動を提供するパターンです。造形的な活動，ゲームや運動的な活動，音楽表現的な活動等が行われることが一般的です。そして第4には，自由な遊びのなかで，ある場を担当するパターンがあります。これは，自由な遊びの中に実習生がコーナー[1]的に場を提供したり（色水やシャボン玉を自由なコーナーとして出すなど），昨日からの続きの遊びに発展的な関わりとして入る場合などもあります。

② 責任実習

　責任実習は，部分実習をある程度経験してきた学生が，1日もしくは一定の時間帯を，クラス担任としての役割を担って保育を行う実習です。「担任実習」などと呼ばれることもあります。一般には「教育実習」「保育実習」の最後の仕上げとして行われることが多いようです。

➡1　コーナー
　コーナーの捉え方は一様ではありませんが，ここでは，保育者がある活動を意図（予想）して，その活動に適すると考えた場所に必要な材料などを設定した空間を指しています。ままごとコーナーのような固定的なコーナーおよび絵の具コーナーのようなかなり時限的なコーナーなどがあります。

❸ 実習園の保育の進め方をよく理解する

　部分実習や責任実習を行う時に困らないためにも，実習が始まったら，その園やクラスの保育の進め方をよく見ておきましょう。いざ指導案を立てようとする時，実習園の保育者が保育をどのように行っていたかをぼんやり見ていただけでは具体的な指導案は書けないものです。部分実習や責任実習の前にしっかり保育の進め方などを見ておきましょう。

　以下にポイントとなる例をあげておきます。

① 全体的なこと
・基本的な１日の流れのパターン：たいていの園では，基本的な１日の流れが決まっています。その園，その年齢の基本的な流れをおさえておきましょう。
・一人一人の子どもについて：できるだけ，一人一人の子どもの個性などについて理解しておきましょう。
・月案，週案[2]との関係：もし，月案や週案を見せてもらえるのであれば，どのような計画の流れのなかで自分が部分実習や責任実習をするのかをおさえておけるとよいでしょう。
・保育者の子どもへの関わり方：先生が子どもとどのように接しているかをよく見ておきましょう。名前の呼び方，話し方，クラスの決まりごとなどいろいろあります。

② 登園時の関わり方
・環境構成や保育者の朝の準備：保育が始まるにあたっての環境構成や朝の準備はどのようなことをしていたでしょうか。
・子どもを迎える場所：保育者は子どもをどこでどのように迎えていたでしょうか。
・視診[3]の仕方：子どもの健康状態のチェックなどはどのようにしていたでしょうか。
・保護者への対応の仕方：保護者とのコミュニケーションはどのようにとっていたでしょうか。
・子どもの身支度などの準備：子どもは登園した後，連絡帳[4]を出したり，身支度をするなど，どのような手順で朝の準備を行い，保

➡2　月案・週案
　年間の園生活を見通し，それを年間でおさえたものが年間指導計画です。それを月単位でおさえたものが月案であり，週単位でおさえたものが週案です。さらに，期案・日案などもありますが，どのように計画を作成しているかは園によって異なっています。

➡3　視診
　保育の場において行う視診とは，子どもの心と身体の状態をしっかりと観察し，その状態を捉え，適切な対応を行う行為のことです。

➡4　連絡帳
　家庭と園を往復するノートのことです。子どもの家庭や園での生活状況について記したりするなかで，互いの理解を深めようとするものです。乳児から幼児になるにしたがって回数が減ったり，なくなったりする場合もありますが，重要な連絡手段と考えられています。

育者はどのような点に配慮していたでしょうか。

③ 遊びへの関わり方

・遊びへの保育者の入り方：保育者は子どもの遊びにどのように入っていたでしょうか。どっぷり一緒に遊ぶ場合と少し引いたところから関わる場合とがあると思いますが，そのような関わり方についても学んでおきましょう。

・子ども同士のトラブルやケガへの関わり方：トラブルやケガがあった場合，保育者がどのように対応していたかをよく見ておきましょう。

・遊びの援助の仕方：遊びがさらに盛り上がったり，継続したりするための援助を保育者がどのようにしていたかをよく見ておきましょう。また，友達同士をつなげる関わりや物の出し方などについても見ておきたいものです。

④ 片付けや次の活動の準備への関わり方

・片付けの声かけ：片付けの声かけはどのくらいの時間に，どのような手順で行っていたでしょうか。

・片付け方：外で使った物の片付け方（洗って片付けるなど）はどのように行われていたでしょうか。

・片付けをしない子への対応：片付けをしない子への対応はどのようになされていたでしょうか。

・次の活動の準備への関わり方：子どもが片付けを行い，次の活動（集まり）に移る際の手順（手洗い・うがいをして，椅子をもって集まるなど）や気持ちの向けさせ方についてもよく見ておきましょう。

⑤ 集まって行う活動のなかで

・トイレへの誘いかけの仕方：子どもへのトイレの誘いかけはどのように行っていたでしょうか（集まったところで全員に声をかける，気になる個々の子に声をかける，特にしないなど）。

・集まりの会のもち方：その手順や進め方について理解しておきましょう。

・食事の準備の仕方：どのように食事の準備をするか見ておきましょう。子どもがどのような手順で自分の準備をするか，子ども

の座り方についてもよく理解しておきましょう。

❹ 事前に担当の先生に指導案作成について相談する

指導案を作成するにあたり，少し時間的な余裕をもって，どのように作成したらよいかや，その手順等についてうかがっておく必要があります。特に次のポイントについておさえておきましょう。

① 部分実習や責任実習で行う活動等をどのように決めたらよいか

部分実習や責任実習において，どのような活動を子どもに提供したいかを考えていることと思いますが，それを自分で好きに決めてよいのでしょうか。これはその園や保育者の考え方や進め方によって対応が異なります。まったく自由に考えてそのまま行わせる場合，実習生が考えてきた活動に手を加える場合，このような活動を行ってほしいと指定される場合などがあります。できるだけ早めにその方針を聞いておけるとよいでしょう。

② 指導案をいつまでに提出するか

指導案（日案）は本来，その前日の子どもの姿をふまえて翌日の案を作成するものですが，実習生の指導案はそうではありません。実習を行う少し前からじっくり考えて，ある程度の指導を受けて行うことが必要とされるからです。そのため，いつくらいに下書きを提出したらよいかを早めに聞いておけるとよいでしょう。

2 指導案作成の手順

ここでは，実際に指導案を作成する流れを見ていきましょう。
〈指導案作成までの流れ〉
　・全体の流れをイメージしラフスケッチしてみる。
　・指定の用紙で下書きを作成する。
　・担任の先生に提出し，指導を受ける。
　・指導していただいた点をふまえ，ペン書きで正式な指導案を作成する（場合によっては，正式な指導案を書く前にもう一度書き直

表5-1 部分実習指導案の書式例

部分実習指導案		
実習生氏名（養成校名） 実施日時（年月日，時間）	指導者名 実施クラス（○○歳児○○組，人数）	
実習内容（活動名）		
ねらい・内容		
時間（活動の流れ）	予想される子どもの姿	指導・援助のポイント

表5-2 責任実習指導案の書式例

責任実習指導案		
実習生氏名（養成校名） 実施日時（年月日，時間）	指導者名 実施クラス（○○歳児○○組，人数）	
子どもの姿・実態（クラスの状況）		
本日のねらい		
中心となる活動とそのねらい ➡5		
準備するもの		
時間（活動の流れ）	予想される子どもの姿	指導・援助のポイント

➡5　中心となる活動
　それが本日の実習の中心で最も大切な活動という意味ではありません。実習生が特に今日1日のなかで子どもに提案したい中心的な活動という意味です。それは必ずしも一斉活動ではなく，自由な遊びのなかでの活動の場合などもあります。

した下書きを見ていただいた方がよいこともあります）。

・正式な指導案を提出する（2〜3部作成しておくことが望ましい）。

　この流れに沿って，以下では，ラフスケッチをすることや，具体的な指導案の書き方を中心に詳しく見ていきましょう。

❶ 指導案の書式

　指導案の書式は養成校によって異なります。しかしながら，基本的な計画の考え方はある程度は共通していますので，大きく異なることはないと思われます。表5-1，表5-2はその書式の一例です。この書式に基づいて，作成上のポイントを考えていきましょう。

❷ 指導案（下書き）を書き始める前に

① 全体の流れをイメージし，ラフスケッチをしてみる

　最初に，指導案の用紙に，担任の先生に見ていただくための鉛筆書きの下書きをしますが，その前に自分がどのような具体的な活動

を提供するのかを考え，流れのイメージを簡単に別の用紙にスケッチしてみましょう。下書きとはいっても，何度も消したり書いたりしていると用紙が汚くなってしまうことがあります。また，実際に流れを書いてみることで，具体的な流れや時間配分などイメージがかなりはっきりしてきます。

② 見やすい書き方を工夫しよう

　また，指導案は自分のために作成するものであると同時に，担当の先生に見ていただくものでもあります。そのため，見やすさも考えてみましょう。文字や文章を丁寧に書くことは当然のことです。それ以外にも，場の環境図や子どもが作る具体的な物のイラストを入れてみたりすることも一案です。また，時間の流れによって線で区切るなどすると，とても見やすくなるということがあります。

❸ 必要事項の記入

　さて，全体のイメージができたら，指導案の書式に鉛筆で「下書き」を書いていきましょう。まずは，実習生名，クラス（年齢）名，指導保育者名，クラス園児数，実施日等を記入します。各養成校によってその記入項目が異なりますので，それに合わせてください。

❹「子どもの姿・実態」を把握する

　続いて，「子どもの姿・実態[6]」です。なぜ，子どもの姿を書くのでしょうか。しかも，なぜ冒頭に書くのでしょうか。ここに指導計画の考え方の重要なポイントがあります。単に保育者の与えたい活動を中心に一方的に計画を立てるのではなく，子どもが現在どのようなことに興味や関心をもっているのかなどをまずはしっかりふまえることによって，子どもの姿や実態に即した計画となるのです。
　ともすると，提供したい活動名が先にきてしまいがちなのですが，その具体的な活動を一度横に置いておいて，現在の子どもの姿を自分なりに把握してみましょう。子どもの姿・実態としてはおおよそ次のような内容が考えられます。
　・子どもの興味や関心：興味をもっている遊びや活動。その遊び
　　　　　　　　　　　　のどのようなところを楽しんでいるのか。

➡6 「子どもの姿・実態」
　ここでは子どもの姿と実態を書き分けていませんが，場合によっては分けて書くこともあります。その場合，「姿」とは，どちらかといえば興味をもっている具体的な遊びや活動の姿を指します。それに対して「実態」は，その具体的な活動を通して経験している内容を意味します。

・子どもの発達の状況：できるようになってきたこと，自分なり
　　　　　　　　　　　　の乗り越えようとしている課題など。
・子どもの人間関係：友達や保育者との関わりのもち方など。

❺「活動」と「ねらい」

➡7　「ねらい」と「願い」
　「ねらい」とは，園生活を通して子どもに経験したり，身につけてほしいと考えている内容のことです。しかし，これは単なる達成目標ではありません。そのため，保育者が子どもに経験したり，育ってほしいと考える「願い」であるとも説明されることがあります。

　子どもの姿・実態をふまえて，本日のねらい（願い[➡7]）が生まれてきます。たとえば，「体をおもいきり動かして遊ぶことに興味がある」のだとすれば，「体を動かして遊ぶことを楽しむ」ことがねらいとなったりします。また，なかには「体を動かして遊ぶことに興味があっても，なかなか仲間に入ることができない」という姿もあるのだとすれば，「仲間に入れない子が自分なりに参加できるように配慮する」等のねらいが考えられるかもしれません。つまり，「ねらい」とは子どもにこのような経験をしてほしいという保育者の願いのポイントともいえるのです。ですから，形式的にならず，本当に子どもに経験してほしい願いのポイントは何かをよく吟味しましょう。

❻ 活動の流れ，時間配分および環境構成を考える

　活動とそのねらいが決められたら，その具体的な流れと環境構成について考えていきましょう。以下にそのポイントを示します。

① 全体の時間配分と子どもにとってふさわしい流れを見通して考える

　決められた時間のなかでどのように活動を展開するかは，実習生にとってなかなか難しいところです。活動が始まるまでの直前の準備や，子どもたちが集まるまでに要する時間や展開の仕方をどうするか，造形活動などの場合，作り終わったらどうするのか，特に先に終わった子はどうするのかなど，全体の時間配分と始めから終わりまでの流れをよく見通して考えましょう。このおおまかな流れを捉えたうえで，指導案の右側に記入する「予想される子どもの姿」と並行して展開を考え，流れを修正していきましょう。実習生中心にならず，子どもの姿をイメージしながらふさわしい流れを考えることが大切です。

② 手順を子どもの立場に立って考える

　どのような手順で進めていくかも，とても難しいところです。その手順によって子どもの興味のもち方や落ち着き方も変わってきます。たとえば，子どもが集まってから，クレヨンを持ってくるようにと言ったかと思えば，今度は紙を取りにくるようにと指示するなど，何度も立たせたり座らせたりすることでバタバタしてしまうことがよくあります。子どもにとってどのような手順で進めることが無理なく，関心をもつことができるかをよく考えて計画を立てましょう。

③ ふさわしい場や道具・材料など（環境構成）を考える

　活動のねらいを達成するためにふさわしい環境構成を考えましょう。たとえば，その活動にふさわしい場をどうしたらよいか，室内か，ホールか，園庭か，イスやテーブルを使うか使わないのか，使う場合どのように並べ，どのように座るのかなど，さまざまなことが考えられます。環境を図で示したりするとわかりやすいでしょう。また，準備するものについてもふさわしい道具や材料をよく考えましょう。汚れたりする活動の場合，その配慮も忘れないようにしましょう。

❼ 子どもの姿を予想しての指導・援助のポイント

① 「予想される子どもの姿」と「指導・援助のポイント」は並行して考える

　「予想される子どもの姿」では，具体的な子どもの姿を記入します。また，「指導・援助のポイント」では，予想される子どもの姿に対してどのような思いをもって，どのように関わるのかを具体的に記入します。ですから，この2つは並行して考えていくことが大切です。

② 「予想される子どもの姿」を丁寧にあげてみる

　実際に子どもと接する場面では，さまざまな言動が出てくるでしょう。おそらく，予想外の姿も決して少なくないはずです。「予想される子どもの姿」をある程度あげておくことで，あせらずに対応できたということは多くの先輩の声からもわかります。もちろん，

予想していなかった姿に柔軟に対応できることもとても大切です。予想外の姿に柔軟に対応することができるためにも，予想できることは事前におさえておくことが必要なのです。

③「指導・援助のポイント」は要点をおさえ具体的に記入する

　役立つ指導案となるためには，具体的な子どもの姿に対して「指導・援助のポイント」に具体的な関わり方を書いておくことが大切になります。抽象的な書き方が多すぎると，あまり意味をもたなくなってしまうこともあります。たとえば，「子どもの気持ちを考えて対応する」などとよく書かれており，たしかにその通りなのですが，実際の場面ではあまり役に立ちません。ですから，あまり抽象的にならずに，自分がその場で具体的にどのように指導・援助するかがわかるような書き方を工夫しましょう。

　ただし，あまり具体的にたくさんの内容をマニュアルのように書いていってしまうと，今度はポイントがわかりにくくなるという問題も出てきます。ここではあくまでもポイントをおさえるということが重要です。

❽ 指導案が作成できたら

　指導案の下書きが指定の日時までに作成できたら，担当の先生に見ていただき，そこで指導を受けます。そして，訂正すべき点を訂正し，それでよければペン書きで清書をします。清書する部数についてもうかがうとよいのですが，自分の分などの予備として1〜2部多めに作成しておくとよいでしょう。

　また，下書きの指導案が根本的にふさわしくない場合（たとえば，別の活動にした方がよいと指導された場合），すみやかに書き直しを行います。そして，できる限り早めに担当の先生に見ていただくようにします。

　指導案提出後は，自分で実際にその場面を想定して予行練習をしてみるとよいと思います。指導案通りに進むことが単に「成功」ではありません。なぜなら，子どもの姿によってはその場で柔軟に計画を変更させることも必要だからです。しかし，少しでもその場の子どもの姿や声を拾いながら展開することを可能にするためには，まずは自分なりの流れをしっかりおさえ，余裕をもって子どもに向

き合えることが必要です。そのためにも，事前準備はしっかりして
おきましょう。

3 子どもの姿と対話した指導計画をつくるために

❶ 部分実習・責任実習の場を子どもの側から考えると

　ここまで基本的な指導計画の考え方とその作成の手順を学んできま
した。また，単に保育者や実習生の与えたい活動を中心に一方的に計
画を立てるのではなく，子どもが現在どのようなことに興味・関心を
もっているのかなどをまずはしっかりふまえることによって，子ども
の姿や実態に即した計画となることについて，理解を深めました。そ
こで，この節では，その具体的な方法を考えてみたいと思います。

　まず，最初に言っておきたいことは，実習生が行う部分・責任実習
であったとしても，それは紛れもなく貴重な保育の一場面であり，一
日となります。ですから，子どもの側に立ちながら，実習生自身が子
どもと楽しみたいこと，子どもに経験してほしいことを考え，立案す
る必要があります。では，子どもの側から考えるために具体的にどの
ようにすればよいかを考えてみます。

❷「保育ウェブ」って何？

　子どもの側から考えるためには，子どもの姿（興味・関心や問いな
ど）を尊重しながら，子どもの姿を予測し，それに応じて計画や準備
をすることが必要です。そこで，この節ではその具体的な手法のひと
つとして，保育ウェブを紹介します。保育ウェブは，子どもの姿を尊
重しながら，保育を計画していく際に有効な道具のひとつです（写真
5-1）。「ウェブ」とは，英語で「クモの巣状のもの」を意味します。
写真をみてもわかるように，ひとつの遊びや事象（◎で囲われている
キーワード）に対して，子どもたちがどのような興味・関心，展開や
問いが生まれそうかを予測し，実際に起きたこと

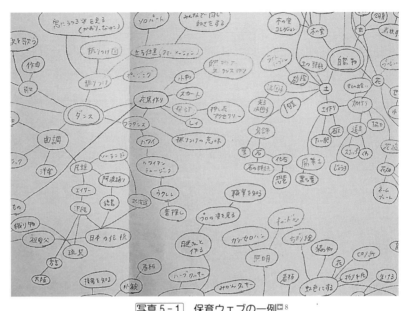

写真5-1 保育ウェブの一例⏍8

➡8　実際のウェブの一部を拡大したもの。二重丸になっている「ダンス」や「自然物」などから、さまざまに線が拡がっています。このようなウェブは、1日でつくられるものではなく、子どもの姿を記録したり、今日の出来事を思い返したり、この先に起こることを予測したりしながら、書き足されていくものです。つまり、保育を計画する際の道具にもなり得るし、保育を振り返るための道具にもなり得るのです。さらに、同僚とともにウェブを作成していくことによって、対話が促進され、結果として多角的な子ども理解とそれを支える具体的な援助（環境構成・再構成を含む）を生み出すことになります。
資料提供：世田谷仁慈保幼園（東京都、世田谷区）。

や、新たに予測されたことなどを、その都度書き込み、線でつないでいくものです。つまり、保育ウェブは、子どもの興味・関心が、クモの巣状に広がっていく可能性を示したものです。実際、日々の子どもの姿と対話しながら保育を計画しようと、さまざまな園では、保育ウェブを保育の計画に用いています。

　ある園では、日誌やドキュメンテーションなどの記録をもとに子どもたちが今どんなことに興味・関心をもっているかを職員間で共有しながらキーワードとして整理し、実際に子どもがしていること、これから起きてきそうなことを予測し、必要な環境を、日々書き込んでいきます。そして、月末に共有し、翌月の計画に活かしていきます。別の園では、金曜日に職員間で共有し、来週どんなことが起きそうかをその週の姿を振り返りながら保育ウェブを使って予測し、次週の保育を計画する上での手がかりとしています。また、ある園では保育室の壁に日常的に保育ウェブを掲示し、その都度書き込んでいき、ちょっとした時間に職員間で共有し、日々の子ども理解や遊びの援助に役立てていたりします。

　このように保育ウェブと一言でいっても、その作り方、使い方は園によってさまざまです。しかし、保育ウェブを取り入れている園は、目の前の子どもが興味・関心を向けている事象や事柄を捉え、捉えた子どもの姿をもとに保育を作っていくことを目指して作成していることに共通点があります。保育ウェブに示されるキーワード

によってつながっていく網目は，子どもたちの遊びや興味・関心の可能性の広がりと言い換えることもできます。でも，あくまで「可能性」です。保育者が先回りして用意した「方向性」ではないのです。ですから，予測はしてみたものの，まったく予測とは違う子どもの姿と出会うこともあるのです。でも，それは，その子どもたちは一体何を楽しみ，何を探求しているのかを再度考える機会となり，同僚とともにその姿を共有し，新たな「可能性」を探っていくのです。つまり，保育ウェブは，保育を，子どもに何かを「させる」ためではなく，子どもや同僚と「ともに」つくっていくために活用するのです。このようなことから，実習生が，実習先での子どもの姿や園の先生方と対話しながら部分・責任実習の内容を考える際にもきっと役立つと考えます。

❸ 指導案の下書きに保育ウェブを使う

　写真5-2は，筆者の大学1年生の授業で，学生たちが書いた保育ウェブです。2歳児が園の裏の畑に芋ほりに行き，なかなか抜けない芋を，引っ張ることを楽しんだり，「きっと，モグラが土の中から引っ張っているんだ」と言ったひとりの子どものつぶやきから，モグラ探しが盛り上がった事例を紹介し，その後，子どもたちはどんなことに興味・関心をもちそうか，そのためにどんな環境構成や援助の工夫をしたらよいかなどを，学生たちが自由に書き込んでいきました。

　まだ実習に出る前の学生たちですが，中央にある「いもほり・もぐら」というキーワードから，一生懸命，どんな子どもの姿が予測されるかを考え（○で囲われているもの），それに合わせて必要になりそうな援助や環境構成を考え（□で囲われているもの），線でつないでいます。

　これをもとに，子どもたちが楽しみそうな活動，同時に経験してほしい活動を考えていくと，子どもの側から考えた活動を立案することができ，さらには，予測される子どもの姿に応じた保育者の配慮を考えることも可能になります。たとえば，写真5-3は，保育ウェブを用いながら，学生（3年生）が保育実習指導の授業のなかで行う模擬保育に向けての指導案の下書きを作成したものです。

　対象は，4歳児クラスで，実習生以外に担任保育士もいる状態で，

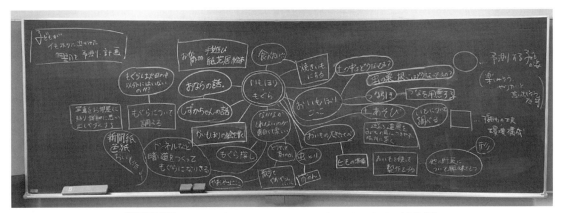

写真5-2　子どもが芋ほりに行った翌日どうなりそう？（2歳児）

→出所：筆者撮影。

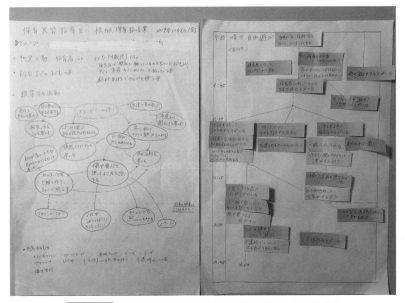

写真5-3　保育実習指導における模擬保育の指導案下書き

→出所：筆者撮影。

　好きな遊びの時間のなかで，ステンドドーム作りをコーナー活動として行う内容になっています。左側のウェブには，前日までの子どもたちの様子をもとに，どんなことを子どもたちが楽しみそうか，発見しそうかを予測し，必要になる素材や備品を書き出しています。右側では，実際に子どもたちが楽しみそうなこと，しそうなことを，時系列に付箋に書き込んで貼っていき，さらにそれに応じて必要になる具体的な援助や必要になるものを付箋で張りつけていきます。付箋で張りつけることによって，順番を変えたり，書き加えたりすることが容易になります。これを下書きとして（保育ウェブそのも

のが指導案になる場合もある），各養成校の書式に応じて，時間配分，予測される子どもの姿，援助のポイント等を記入することによって，実際の子どもの姿・実態に応じた計画となり，実際の保育場面においても，子どもの姿や声を拾いながら展開する余裕も生まれると考えます。このように，保育ウェブを使うことによって，子どもの姿・実態に基づいて，子どもが何を楽しみそうか，どんなことが起きそうか等を，より具体的に予測し，それに必要な援助や配慮等も，より具体的に計画することが可能になるのです。

　今，保育の現場では，子どもが主体的に生活し，「あそび込む」ことが求められています。そのためには，実習における指導計画においても，子どもの興味・関心や問い，つぶやき等に注目し，必要な道具や素材を用意したり，環境構成を考えたりしながら，実習生も一緒に楽しみ，考え，わかったことや達成したことを喜ぶことが必要になります。それは，一言でいえば，子どもの姿に応答しながら，保育を構築していくことといえるでしょう。自分がおもしろがっていること，喜んでいること，悲しんでいることなどを，肯定的にともにおもしろがり，喜び，悲しんでくれるおとなが身近に存在することで，子どもは確かな安心感を得て，自分らしく探求し，気持ちを立て直したり，新たにチャレンジすることができます。そんな子どもたちの主体的な姿を支えるために必要な指導計画のあり方は，ひとつではないはずです。どのようにすれば子どもの姿に応答し，自分自身も楽しみながら保育を計画・展開できるかを考えていくことも求められているのです。

Book Guide

・戸田雅美『保育をデザインする』フレーベル館，2004年。
　子どもの遊びを中心に保育の計画のあり方について，丁寧に説明された本です。子ども一人一人の姿や集団の姿から，何をどのように読み取り，環境を構成していくかがよくわかる本です。
・無藤隆・大豆生田啓友（監修）『子どもの姿ベースの新しい指導計画の考え方』フレーベル館，2019年。
・無藤隆・大豆生田啓友（監修）『０・１・２歳児　子どもの姿ベースの指導計画』フレーベル館，2019年。

・無藤隆・大豆生田啓友（監修）『3・4・5 歳児　子どもの姿ベースの指導計画』フレーベル
　館，2019年。
　本シリーズには，「子どもの姿ベース」に保育を楽しくするための指導計画作成のポイントが
　まとまっています。園全体での計画から，各年齢の月の指導計画のポイントや記録のあり方を，
　実際の保育実践をもとに解説しています。

Exercise

1. 次の例を参考にして，さまざまな年齢（0〜5歳児），実習時期，実際の活動や場面を設定し
　　て，幼稚園もしくは保育所の部分実習指導案を作ってみましょう。
　　①クラスの集まりの場面（手遊びの他，絵本・紙芝居・お話などを入れて）
　　②何かを作って遊ぶ活動（例：ぶんぶんごま）
　　③室内でみんなでできるゲーム（例：フルーツバスケット）
　　④鬼ごっこなど外でできる活動（例：ドンジャンケン）
　　⑤毎日繰り返し行う生活場面（例：昼食，午睡）
2. 同様に，責任実習指導案を作ってみましょう。

第 6 章

3−5歳児クラスでの部分実習・責任実習の実際

　3歳児クラスの様子。保育者と一緒にみんなでゲームをしていますね。そ
もそも，乳幼児がみんなと一緒にすると楽しい遊びとは，どのようなもの
がありますか？

みんなと一緒にすると楽しい遊びは，たくさん考えつきましたか。保育では，多様な関係性のなかで他者と共に集団で過ごす楽しさを感じることは，大切なねらいとなっています。ただ，実習生が指導案を作成すると，一斉に子どもたちに向けて何かをするやり方ばかりを考えがちです。そもそも，子どもの主体性を尊重している保育においては，一斉に行うということの意味（ねらい）については，よく考えて行う必要があります。

　実際の保育場面では，みんなが一緒に活動する場面以外にも多様な場面があり，それぞれが保育者の計画（心づもり）に基いて実践されていますよね。第5章で学んだ指導案（計画）の基本をもとに，この章では，3-5歳児クラスでの多様な「部分実習」「責任実習」のあり方について，実際の先輩の例をもとに考えていきたいと思います。

1 部分実習・責任実習の実際とポイント

❶「体験すること」を意識する

　以下のエピソードは実習初期，実習2日目のことを振り返って実習生が語ったものです。

Episode 1　いつでもやってくるチャンス！

　3歳児クラスで実習した時に，担任の先生に「授業で教わったり勉強したりしてきた手遊びとかできるものある？」と聞かれ，学校で教材研究してきた手遊びや歌遊びや絵本をいくつか答えました。「いいタイミングがあったらやってみようね」と言われ，内心ドキドキしていました。
　片付けを終えて部屋に集まってくる子どもたちに対して，先生から「あのマッサージ屋さんの手遊びをやってみよう」と振られました。内心「無茶振りだー」と思いましたが，先に集まってきた子ども数人と始めてみました。すると，私の方を見て一生懸命振りや歌を真似て行っている子どもの真剣な表情や楽しそうな笑顔に嬉しくなりました。何回も繰り返すうちにだんだん集まってくる子どもの数も増え，子どものまっすぐな視線が突きささるような感覚を初めて経験しました。何度も「もう一回やりたい」という子どもたちの声に私も緊張が和らぎ楽しい気持ちになりました。

　このエピソードのように，指導案を作成せずに，突然子どもの前に立って集団をリードしていく経験はとても緊張しますよね。担任の先生はどのような意図をもっていたのでしょうか。実習生としてはいきなりと感じるかもしれませんが，先生は子どもたちの様子を見ながらよいタイミングであなたの学びにとって最高の状況を提案して下さったと感じ取れるとよいでしょう。つまり，先生は保育の流れのなかで子どもたちの様子や興味や関心，実習生にとってスムーズに始められる環境などを考慮したうえで，その時の片付けのタイミングを提案したのでしょう。先生は，実習生に指導案を立てずに短時間でもやってみることで，子どもと向き合う時の楽しさやおもしろさ，やれた手ごたえなどを"感覚"として体験してほしかったのでしょう。実習生は，実際にやってみて，「子どもの真剣な表

情」や「子どものまっすぐな視線」が突きささるような感覚を得た
ことを語っています。

　このように，実習園の指導形態や養成校からの依頼内容によって
異なりますが，指導案を作成しないで実習生が活動を担当する場合
もあります。特に，実習初期に積極的に子どもに関わることを目的
にしている時や，実習後半に数日に渡って実習生が連続して部分実
習を担当する時に多いようです。担当の保育者は，実習生が指導案
を作成しなくても，日々の打ち合わせや振り返りにより実習生の感
じていること，思っていることを共有しながら実習を進めているの
です。

Episode 2 👒　　やってみよう

　はじめての実習の時，帰りの会での絵本の読み聞かせの部分実習をすることになって，指導案を提出
したら何も言われずに「やってみよう」とだけ言われました。ほんとうに子どもの前でやっていいのか
不安でした。実際に行ってみると，絵本を読み始めるタイミング（導入）と，前に出てきてしまう子ど
もへの対応が難しく，今度はそのことを考えてやってみようと思いました。

　このエピソードのように，自分の指導案に対して指摘を受けない
と不安になる実習生もいるようです。先生が指導案を見て「やって
みよう！」という時は，実際に行ってみて学べばよいという OK
サインであると理解できます。担任はクラスの子どもたちの生活に
責任をもっていますから，実習生がそのまま行うと子どもたちに悪
影響を及ぼすと判断する状況で，実習生に何かを任せることはあり
ません。ですから担任から任されたのであれば前向きに取り組めば
よいのです。実習指導者は，実習生が考えた指導案で実際に行って
みると子どもはどうだったか，実習生はどう感じたか，を丁寧に振
り返ってもらうことで，実習生の学びを深めようとしているのです。
　このように指導案を書くことは，あなたの思いや考え（計画）を
視覚化し，指導担当の保育者と共有することができます。指導案を
書くことで，話し合いで伝え合う時よりも，より詳細に実習生が考
えていることを伝えることができるのです。

❷ 保育者との対話を意識する

　以下のエピソードは実習後に養成校で行った事後指導の時に，部分実習での取り組みについて実習生が語ったものです。

Episode 3 　　実態に合わないと言われた

　4歳児の部分実習で紙コップけん玉づくりの指導案を提出したところ，担任の先生から「クラスの子どもの実態に合わないところがある」とご指導をいただきました。最初は，そう言われてしまってがっかりしました。でも，実習が進みクラスの子どもたちと過ごしていくうちに，いろいろな個性をもった子がいることがわかってきて，自分の提案した活動が難しいことに気づきました。先生と打ち合わせを進めていくうちに，子どもが興味をもっていることは，投げることやキャッチすることであること，一斉活動で行うのではなく子どもが選んでする遊びのなかで提案していくことの大切さが見えてきました。実際にやってみることでの学びももちろん大きかったですが，やる前に先生と一緒に考えられたことで，子どもの姿が見えてきて，何を考えて援助するのかということがよくわかりました。

　実習生は，毎日を共に過ごしている保育者とは違うので，子どもたちの様子や過ごし方について深くは理解できません。ですから，このエピソードの実習生のように，指導案を立てた時にクラスの子どもの興味や関心とは違った活動を提案することは，よく起こることと言えます。実習生が指導案を立てる時には，養成校において学んできた「発達の理解」や「関係性の理解」等の知識が基礎となります。しかし，実際の子どもの実態は，目の前の子どもを理解しなければなりません。実習先で行う部分実習や責任実習では，今まで学んできた子ども理解や指導案の書き方等を基にしつつ，実際のクラスの子どもたちの様子や目の前にいる「○○ちゃん」のことを考え，指導案を修正していくことが必要なのです。

　保育者同士も日々計画を立てる際には，対話を通して保育を振り返り，子どもの理解を深め，その先の計画へと反映させています。ですから，実習生も指導案を提出した際にズレている実態を，実習指導者との対話を通して修正していくことこそが，子ども理解と計画の立案の関係を理解していくために必要な学びの過程なのです。

　ここまでのEpisode 1からEpisode 3までで見えてくる重要なことは，事前に担任の先生と実習生が打ち合わせていることです。先

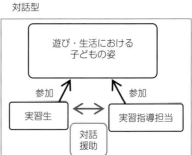

伝達型・注入型

| 実習指導担当者 |
| 知識・技能 |

注入
評価 ← → 顔色を伺う
期待に応える

実習生

対話型

遊び・生活における
子どもの姿

参加 ↗ ↖ 参加

実習生 ← → 実習指導担当
対話
援助

図6-1 実習生の学びかたの違い

➡1
➡出所：佐伯（1995）より，筆者作成。

➡1　佐伯は，学校教育における子どもと教師の関係を図式化しました（佐伯胖『「わかる」ということの意味（新版）』岩波書店，1995年，pp. 111-112）。

生も実習生はどのような考えをもった学生なのか知ろうとしています。実習生が自分から見ていることや感じていることを表現していくことは，お互いを知るためにとても大切なことなのです。指導を受けるということは緊張もしますし，自分のせいで迷惑をかけているのではないかと感じてしまうこともあります。しかし，そのような思いが強すぎると悪循環に陥る可能性があります。先にも述べたように保育は，大人同士の対話もとても重要な保育展開の要素ですから，実習生は委縮しすぎずに，今自分が見えていることや感じ取れたことを実習指導者に伝えていくことが必要です。

　ところで，あなたが今まで指導を受けてきた経験はどのようなものだったでしょうか。授業や部活動，習い事，アルバイトなどで教わる時，あなたが学んできた形は図6-1のどちらだったでしょうか。

　実は，指導を受ける時は注入型ではなく，対話型の関係になると学びが深まります。

　このような関係を実習指導者と築いていくために，実習生は自分自身を開いて，子どもの姿に目を向け，実習指導者と共に対話を進めていくことを心がけましょう。そうすると，実際に保育者が見ている世界や思考回路が自分にも見え，実践で学ぶおもしろさが十分に味わえるでしょう。このように一緒に計画を考える，一緒に保育を進めていくプロセスを味わえるようなコミュニケーションを意識し指導を受けましょう。

❸ 計画と評価の関係を意識する

　実習では，今日の出来事を省察し，明日に向けて実習生なりの目

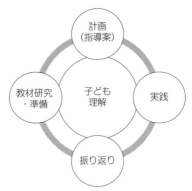

図6-2　子ども理解に基づく実習の展開
➡出所：筆者作成。

標や視点をもって臨みます。部分実習や責任実習では今まで学んできたことや実習を通して理解したことを用いて，より意識的に"計画すること"，より丁寧に"準備すること"を行います。そして，実際の保育のなかで，どのように子どもの育ちの姿と出会い，どのような援助だったのかを振り返り，次の計画や準備に繋げていくのです。図6-2のような子ども理解に基づいた連続する関係性を意識しつつ実習日誌や指導案を記入してほしいと思います。

2　部分実習の指導案と保育の実際

❶一斉活動場面を担当する部分実習

　部分実習は，子どもたちが集まってする一斉活動場面で行われることが多くあります。これは，大勢への保育者の関わり方を理解するために行われる実習内容で，保育のなかでは必要な場面のひとつです。また，一斉活動場面は実習生にとって他の場面を担当するよりも，立案がしやすく課題が見つけやすいという利点もあります。

　しかし，保育場面の多くの時間は，身支度，自由に選んで遊ぶ場面，食事，排泄，片付けなど，子どもの生活を基盤とした自発的な活動のうえに成り立っています。よって，実習前や実習中は一斉活動の場面ばかりを考えるのではなく，担任保育者として全日にわたり援助していくという視点をもつように心がけましょう。

➡2　部分実習のさまざまな形態については本書第5章を参照して準備を進めましょう。

① 指導案「手遊び歌」３歳児クラス

　次の図6-3の指導案は，３歳児クラスで昼食前の集まりの時間に「むすんでひらいて」の歌に合わせて手遊びを行った時の指導案です。入園して徐々に園生活に慣れてきた幼稚園の３歳児の子どもたちに対して，一緒に振りを楽しむことをねらいにしています。

② 指導案「制作活動」５歳児クラス

　次の図6-4の指導案は，５歳児で行った「動物づくり」の製作活動の指導案です。担任の先生と相談しながら指導計画を基に立体物を作る経験を取り入れて立案しています。

❷ 自由に遊ぶ時間を担当する部分実習

　部分実習は一斉活動場面だけでなく，子どもが主体的に遊びを選んでする活動場面でも行われます。それぞれの子どもの興味・関心や状況に応じた計画や援助が必要になります。

① 遊びのコーナーを担当する

　次の図6-5の指導案は，９月に子どもたちが楽しんでいた色水遊びを，園庭にコーナーを作って実習生が担当した時のものです。

②（日をまたいで）継続する遊びを担当する

　以下のエピソードは，実習生が６月中旬から下旬にかけて５歳児クラスで「プラネタリウム作り」という活動を担任と共に計画して，担当し，振り返り，明日の保育の準備や計画へと繋げていった部分実習です。このような形で，実際の保育の展開を実践を通して学ぶ部分実習や責任実習もあります。

Episode 4 　　　　６月中旬「プラネタリウム見学に向けて」

　科学博物館（プラネタリウム上映会）への遠足を前に，保育室では星座や月など夜空に興味をもつような環境が用意されていました。保育室の中２階のスペースは黒いビニールが貼られ，１階のレストランごっことつながって「２階で星座が見られるレストラン」として遊んでいました。
　６月26日（火）の保育後，プラネタリウム見学を終えた子ども達から，「プラネタリウムが作りたい」という声が上がりました。実習生は担任と相談し，中２階の場所を「プラネタリウムごっこ」の場所に

20××年　5月××日（×曜日）3歳児　　　　☆☆組（計20名）　　実習生氏名：

幼児の姿	ねらい
・新しい生活や環境に興味をもってすぐに遊ぶ子どもや，泣いたり緊張した表情をしたりなど不安な様子の子どもがいる。 ・好きな遊具や安心する場所を見つけ，思い思いの遊びを楽しむ。 ・保育者の近くにいて安心する子どもがいる。 ・好きな遊びの場にいる友達と，関わって遊ぶ姿が見られる。	・実習生と一緒に歌を歌ったり，音楽に合わせて体を動かしたりすることを楽しむ。 ・歌遊びのなかで自分なりのイメージを表現したり実習生の真似をしたりして楽しむ。

	内容
	・歌「むすんでひらいて」に合わせて手を叩く。 ・振りから見立てた動きの表現を楽しむ。

事前準備
　・保育者の周りに集まっている時の環境や子どもの様子をよく観察しておく。
　・子どもの様子を見ながらペースを合わせられるようにゆっくり歌う練習をする。

時間	予想される幼児の活動	実習生の援助・配慮
11：00	○実習生の周りに集まる。 ・興味津々に集まってくる子どもと，まだ片付けや自分の遊びの続きをしている子どもがいる。	 ・徐々に集まってくる子どもたちに一緒にやろうと声をかけ，これから楽しいことが始まることを伝える。
11：05	○実習生の実演をみる ・実習生と一緒にする子どもがいる。 ・実習生の真似をして一緒に手を動かす。 ・保育者に自分の考えを伝えようとする子どもがいる。 ・実習生に「おばけ」「ひこうき」「電車」など，手の動きと共に言葉でさまざまにイメージを伝えようとする。	○歌「むすんでひらいて」を歌いながら手遊びを実演する。 ・ゆっくりと歌い大きな身振りでするように留意する。 ・みんなも一緒にやってみようと誘いもう一度歌う。 ○「今度は手をどこにしようかな」と言って歌を歌い始める。 ・メガネ，マスクなどの見立てを楽しめるようにする。 ・自分の思いを伝えようと実習生に話しに来る子どもがいた場合は，周囲の状況に配慮し，子どもの伝えたい気持ちを受け止める。 ・何度か行った後，「最後はどこにしようか」と言ってあと一回で終わりにすることを伝える。
11：15	○実習生の話を聞く。 ・今度はこうしたいという子どもがいる。	○「おもしろいものに変身したね」と言って，おもしろかった表現を改めて一緒にする。 ・「今度またやってみようね」と，次の機会への期待感を高めながら，活動を終わりにする。
11：20	○昼食の準備をする。	○昼食の準備を促す。

図6-3　3歳児クラス一斉活動場面での部分実習指導案の例「むすんでひらいて」

▶出所：筆者作成。

20××年　11月××日（×曜日）5歳児　　　　☆☆組（計26名）　実習生氏名：			
幼児の様子	仲間同士でイメージを出し合いながら遊びを楽しんでいる姿が多い。 遊びに必要なものを作ったり描いたりしながら，それぞれ自分なりの表現に自信をもって楽しむ姿が多い。 どの幼児も，ハサミの使い方に慣れ，自由に使えるようになってきている。		
ねらい	平面から立体を作り自分なりのイメージを実現する楽しさを味わう。 1枚の紙が，平面から立体になることや切込みを入れて組み合わせることで接着できることを知る。		
内容	1枚の画用紙から，自分なりの動物などをイメージする。 胴体や顔の部分の形を切ったり貼ったりしながら立体を作り上げる。		
準備	実際に，いくつか（大きい，小さい，長いなど，グループ数分の4つ）完成品を作っておく。 厚口の画用紙を人数分（26枚）と予備（10枚位）を数色用意する。 切れ端の画用紙，リボン，きれいな紐などを必要に応じて提供できるように準備する。		
時間	環境の構成	予想される幼児の活動	実習生の援助および留意点
10：00 10：05	・事前にグループ机（6人×4台）と材料を置く机を用意する。	○グループごとに集まる。 ○実習生の作ったネコやイヌなどを見る。 ・「可愛い」「作ってみたい」などと友達同士言い合ったりする。 ○実習生の話を注意して聞く。 ・机の上の作品をみたり，触ったり，分解したり，元に戻したりする。	・片付けが終わったら，子どもと一緒にグループの机をいつもの場所に設置する。 ・全員が着席したことを確認したら，事前に作っておいた作品を一体ずつ取り出して見せる。 ・それぞれの作品に興味をもてるように紹介する。 ・みんなが紙で作る時には，どんな風に作りたいかと投げかける。 ・「この動物たちは，秘密の方法で作っています」「それは，ハサミだけで作っているのです」と切込みを入れてそこに紙を挟むことを知らせ，実際に大きい紙に挟む様子を見せる。
10：20	・ハサミをもってくる時には安全に注意することを知らせ，動線が交差したり慌てたりしないように誘導する（必要なら，グループごとに行動するよう指示する）。 ・材料置き場に，いろいろな色や大きさ，形の画用紙が置いてあるので，取りに来るように伝える。	○ハサミとクレヨンをロッカーから各自もってくる。 ○材料置き場から，自分の作りたいもののイメージに合わせた色や形の画用紙を選び，席にもってくる。 ○それぞれのペースで作り始める。 ・先に胴体部分を折る幼児や，顔の部分を作る幼児などいろいろな姿が見られる。 ・友達の様子を見たり，話をしながら作ったりする幼児がいる。 ・顔部分や，しっぽをつける幼児が出てくる。 ・クレヨンで，色を塗ったり，顔を描いたりする幼児が出てくる。	・「今日はみんなで，自分の好きな動物を作ってみようと思います」と作品を作ることを知らせ，ハサミとクレヨンをロッカーからもってくるように伝える。 ・ゆっくり選んでよいことを伝える。 ・作りたいものが決まった人は作り始めるように伝える。まだ，何を作ろうかと考えている幼児には，会話したり，他の幼児の様子を見る時間をもったりできるように見守る。 ・イヌやネコなど決まった動物でなくても「宇宙の動物」でもよいことを伝えたり，その子なりの興味がもてるように会話し励ましたりする。 ・各グループを見て回りながら，それぞれの幼児が楽しみながら，それぞれのペースで作る姿を見守り，把握する。 ・子どもと会話しながら，イメージが描けるようにする。
11：00 11：20	・出来上がった幼児には，使い終わった紙を分別してもとに戻したり，ごみ箱に捨てたりするよう伝える。	○完成させ，立たせたり，手で押して動かしたりさせ始める。 ○片付け始める。 ・ゴミはゴミ箱へ，まだ使える紙は大小に分別してもとに戻す。 ○犬小屋や運動場などを作ったり，遊ばせたりする。 ○昼食の準備をする。	・作品をどこに集めたらよいか，できあがった幼児と相談しながら，積み木や空き箱で家やえさを用意する。必要に応じて首輪のリボンを使えることを知らせる。 ・完成までに苦労している幼児には，個人的に声を掛け，必要に応じて手伝ったり，昼食後の時間に作れることを伝えたりする。 ・昼食の準備をするので，片付けるように伝える。

図6-4　5歳児クラス一斉活動場面での部分実習の例「動物づくり」

➡出所：筆者作成。

20××年　9月××日（×曜日）　3歳児　　　　☆☆組（計20名）　実習生氏名：

幼児の実態	ねらい
・砂場や鬼ごっこなど，戸外で伸び伸び遊ぶ姿が見られる。 ・友達を遊びに誘って一緒に遊び始める姿が見られている。 ・アサガオやオシロイバナの花や種に関心をもって遊びに取り入れている。 ・友達と一緒に袋に水を入れて揉んだり感触を楽しんだりしている。	・色水遊びを通して色の変化や匂いの変化を楽しむ。 ・生活に必要なことを自分なりにやろうとする。

	内容
	・アサガオやオシロイバナや葉っぱなどの自然物を揉んだりすりつぶしたりして，色や匂いの変化を楽しむ。 ・着替えたり，洗ったりなど自分なりに生活に必要なことをしようとする。

事前準備
・すり鉢6，すり棒6，ビニール袋，雑巾，ボウル，透明カップ，テーブル2，ゴミ入れ1，マジック
・アサガオやオシロイバナの花の様子の確認やミントなど採ってもよい葉っぱの確認
・実際にすりつぶしやすいかどうか事前に試しておく。

時間	環境構成	予想される子どもの姿	実習生の援助・配慮
9：00	・子どもと一緒にアサガオを見に行く。 園庭〈保育室前〉 水道 道具置き場 ・道具はテーブルに用意しておく。 ・身近に葉っぱや花をきれいに飾っておき，すぐに使ってよいように用意しておく。	○身支度を終えて，好きな遊びを選んでする ・今日も色水遊びの続きをしたいと興味を示す子どもがいる。 ・すりつぶしたい子どもがいる。 ・友達の様子を見て後から，興味を示す子どもがいる。 ・「つぶれた」「色が出てきた」などと言う。 ・混ぜたり，水を足したりする。 ・色水を終わりにする子どもがいる。 ・もっと作りたい，違うものを作りたいと訴える子どももいる。	・道具を用意して興味がもてるようにしておく。 ・やり方にイメージがある子どもにはあまり言葉をかけずに，要求に応じるようにする。 ・すり鉢を出す。 ・水をたくさん入れる子どもがいる場合は，すりつぶしたい様子である時は，コツを教える。 ・カップやビニール袋に入れ替えてみるように援助する。 ・子どものしぐさやつぶやきから興味や関心を捉えて，そのイメージや試行錯誤の姿に共感するようにする。 ・ダイナミックになりすぎる場合には隣の砂場と場を分けるように促す。 ・葉っぱや他の自然物にも興味がもてたりするように配慮する。 ・匂いにも気づけるように提案する。
10：30		○片付けをする	・終わりにする子どもには次の人が使えるように片付けるように促し，濡れた子どもには着替えるように言う。 片付けを促す。
10：50	取っておきたい子どもの場所を下駄箱前に用意する。 ・終わったテーブルは片付ける。		・お昼寝の後にまた遊ぼうと声を掛ける。

図6-5　遊びのコーナーを担当する部分実習指導案「色水遊び」

▶出所：筆者作成。

しようと決めました。実習生は，懐中電灯などの道具を準備し，画用紙とカラーセロハンで作る照明の製作を準備しました。

　6月27日（水）実習13日目，早速，実習生は登園してきた子どもに，プラネタリウムを作れる場所を用意したことを伝え，製作を紹介しました。しかし計画通りにいかず，久しぶりの晴天で，多くの子どもたちが水遊びに行ってしまいました。部屋に残った数人と制作を始めましたが，丸く穴をくりぬく切り方が難しく，子どもたちは苦労していました。するとひとりの男の子がプラコップの蓋にマジックで色を塗り懐中電灯で照らすと宇宙のようにきれいなことを発見しました。実習生は，自分の考えたこととは違う進み方になりましたが，プラネタリウムを作るなかで光や影，色のおもしろさを感じてほしいとうねらいからは外れていなかったので，コップの蓋を塗ることも援助しようと決めました。なかなか計画通りに行きませんでしたが，実習生は，帰りの会で，プラネタリウムでの遊びの紹介をして，楽しんでいたことを伝えました。

　6月28日（木）実習14日目，昨日はあまり子どもたちがプラネタリウムごっこに集まらなかったのですが，今日は多くの子どもたちが集まってきました。暗くした中2階に入り，穴を開けたり，色を塗ったカップの蓋を照らしたりしながら，「土星みたい」「ブラックホールだ！」などのつぶやきを拾いながらイメージを共有したり，工夫していることを互いに伝え合えるようにしたり援助したりしていきました。実習生は，子どもたちが自分で工夫したり，友達の考えを受け入れたり，互いに新たなアイデアを提案しあったりしている姿に関係性の育ちを感じていました。保育後，保育者との反省会で記録用に撮影していた写真を見ながら振り返っていました。そのなかで，この写真を大きくプロジェクターで投影してみたら，自分たちが作った宇宙のなかに入る感じになるのではないかという意見が生まれ，投影してみることになりました。

　6月29日（金）実習15日目，中2階で作ったプラネタリウムの写真をホールでプロジェクターで映しました。実習生はここまで遊びが広がっていくとは想像もしておらず，子どもたちの発想や子どもの姿を捉えた援助の方法に学びを深めていました。

　実習が終わった後もクラスの子どもたちは，宇宙のイメージでお話作りをしたり，プロジェクターやライトを用いて火星や宝箱などを表現したりして，2学期後半まで遊びが展開していきました。

　このように，実習生も保育を共に創っていく一員として，参加できると，思わぬ発見や気づきが得られると同時に，計画，評価（振り返り），環境構成，個々への対応，集団で過ごすことの意味など，実践現場ならではの学びが，実感を伴って理解できるのです（図6-1参照）。

❸ 日常の生活場面を担当する部分実習

　部分実習では，「登園時の受け入れ～身支度」「配膳～昼食～片付け」「片付け～降園準備～降園」，保育所では「午睡」「おやつ」など，生活の場面をクラスの担任として担当して行うものがあります。これは実習後半の1日すべての保育を行う責任実習に向け重要な経

教育実習指導案

幼稚園 〇〇 組（4 歳児）在籍人数 23 名　担　任：　　　　先生

20××年 6月××日（× 曜日）天気（晴れ）　実習生：

現在の幼児の姿：	ねらい：
○廃材など様々な素材を使って遊ぶ姿が見られる。 ○誕生会に向けてあめふりくまのこを歌い、季節を感じる。 ○ S 広場やK公園に行くなど梅雨ならではの自然に興味をもつ。	○いろいろな活動に興味や関心をもち、喜んで取り組む。 ○好きな遊びを見つけて楽しく過ごす。 幼児の経験する内容： ○自分から遊びを見つける。 ○手作りおもちゃを作り室内で遊ぶ。

前日までの準備：
○製作おもちゃ：トイレットペーパー芯 30個、ビニール袋 40枚、紙コップ 40個
○絵本「きょだいな きょだいな」の大型絵本と通常の大きさの絵本を用意する。
○朝、給食、帰り ピアノを練習する。

時間	環境構成	予想される幼児の活動	保育者(実習生)の援助と留意事項
8:00	〈〇〇 保育室〉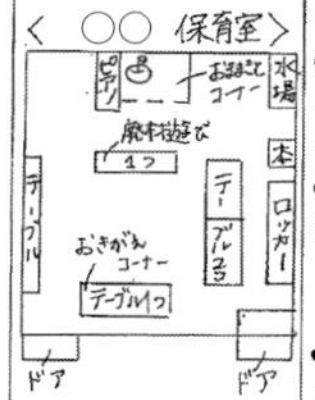	○順次登園 •「先生、おはよう」と元気に挨拶する子がいる。 ○朝の身支度をする。 •コップ、タオルをフックに掛ける。 •おたより帳にシールを貼る。 •シールを貼る日付を「今日は何日?」と先生に聞いかける子がいる。 •夏帽子、園バックをロッカーのフックに掛ける。 •水筒をかごの中に入れる。 •“おきがえこーなー”で着替える。	•クラスに入ってきた子どもに「おはよう」と挨拶し、子どもたちを迎える。 •「コップ、タオル掛けようね」と声を掛け、子どもが支度する様子を見守る。 •おたより帳にシールを貼っている子の様子を見守り、シール貼る所が分からない子に「今日は何日でしょう」と声を掛ける。 •身支度が進まない子に声を掛ける。
8:15	〈製作おもちゃ〉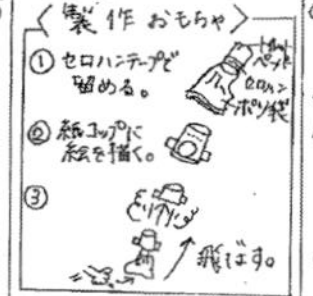 〈遊び方〉 ①トイレットペーパーの芯から息を吹き込み膨らませる。 ②ロケットを束ね、厚紙の筒を持ってビニール袋を押す。	○身支度が終わり次第、好きな遊びをする。 •晴れ：カラー帽子を被り園庭に行く。 ：廃材や様々な素材を使って遊ぶ。（空き箱、廃材） •雨：カラー帽子を被りホールへ行く。 ：自分で作ったおもちゃで遊ぶ。 •自分で作りたいおもちゃが難しく困る子がいる。	•室内遊びは、自分で作ったおもちゃで遊ぶことができるようテーブルに材料と完成品を置く。 •製作おもちゃはセロハンテープで留める部分を子どもができるようにトイレットペーパーの芯とポリ袋を持つなど援助する。 •晴れの場合外、雨の場合ホールにも行き、〇〇 組の子ども様子を見守る。
		•「作りたい、やりたい」と言う子がいる。	•材料が足りなくなったら足す。
9:30 10:00	○片付けをする。 ○プール遊び	○片付けをする。 •「まだ遊びたい」と言う子がいる。 •片付けが進まない子がいる。 •ぞうりに履き変え、たんぽぽ組に戻る。	•室内遊びをしている子どもに片付けを促す。 •「誰が一番早く片付けできるか競争」と声を掛ける。
10:20	〈たんぽぽ保育室〉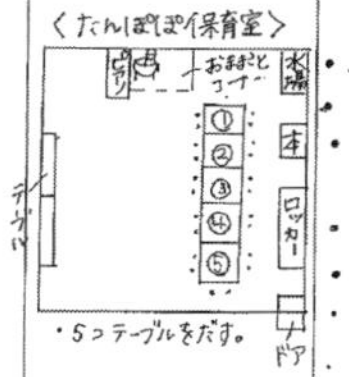 ・5つテーブルをだす。	○手洗い、うがいをする。 ○排泄に行く。 •椅子を持ち、好きな所に座る。 •終わった子から椅子に座る。 •座る場所に困る子がいる。 •「ここ空いているよ」と言う子がいる。 •手洗い・うがいをする。 •排泄に行く。 •プールバックを持ち座る。	•手洗い、うがい、排泄に行くように促す。 •進まない子には個々に声を掛ける。 •テーブルを準備する。 •一つのテーブル4人と声掛けする。 •座る場所に困っている子がいたら「〇〇ちゃん、くん座れる場所教えてあげてね」とクラス全体に声を掛ける。 •全体を待つ間、終わっていない子に「みんな待っているよ」と声を掛ける。
10:30		○三ツ矢サイダーの手遊びをする。	•全員を待っている間手遊びをする。 •全員が座ったことを確認したら、人数確認をする。
10:40		○朝の会をする。 •お当番（男の子一人、女の子一人）前に出てくる。	•お当番さんを発表する。 •前にでてくるように伝え、バッチを左腕に付ける。 •「朝の会始めます。立ちましょう」と声を掛ける。

晴れ：カラー帽子を被り園庭に行く。
　　：廃材遊びや折紙をする。

反省・考察：
本日はプール開き、七夕の製作もありねらいであるいろいろな活動に興味や関心をもち喜んで楽しむ姿を見ることができた。反省点は大きく分けて2つある。1つ目は集団への声掛けと個々の子どもの想いを受け止め声掛けが難しいと感じた。集団をまとめることを優先してしまい、個々の気持ちに寄り添うことができなかった。反省会で子ども理解の話があったように子どもがどんな気持ちなのか言動の意味を理解することができるとより子ども一人ひとりへの対応が変わっていくことを改めて気づくことができた。
2つ目は、絵本や活動が始まる前など注目してほしい時の対応を勉強したいと思った。

実習担当者のご助言・ご指導：一斉活動をする中で落ち着いて行うには、集団をまとめることも大切になってきます。1人ひとりが集まってできている集団をまとめるには、信頼関係や個々に合った声掛けや援助が必要になってきます。

図6-6　部分実習指導案　登園から朝の会

出所：学生の幼稚園教育実習指導案より。

験となります。実習初期から子どもの生活の流れや保育者の配慮などを学んでおきましょう。図6-6の指導案は登園から朝の集まりまでを実習生が担当した指導案です。

3 責任実習の指導案と保育の実際

責任実習は1日もしくは一定の時間をクラスの担任としての役割を担って保育を行う実習です。今までの部分実習や個々に応じた援助の経験を活かしつつ，学級の運営（クラスの子どもの実態に基づいた計画と援助）について学びます。

❶ 責任実習指導案「4歳児クラス」

図6-7の指導案は，4歳児11月の責任実習指導案の抜粋です。実習生は，計画というと実際に行う時系列の部分の書き表し方に重点を置きがちですが，実習を通して現在の幼児の姿を丁寧に捉えること，どのようなねらいや内容をもって保育に臨むのかが大切です。[3]実習生は現場で過ごす日数が少ないので，今までの子ども達の生活の流れや個々の子どもの育ちの経緯の理解に苦しみます。指導案を立てる際には，子どもの園生活の流れに沿うことや，個々の子どもの特徴の理解が必要になります。担任の先生等とよく相談して立案していきましょう。子どもにとっても実習生と過ごす生活は，園外の人材や文化に触れる機会となり変化や潤いを与える経験となるのです。子どもの姿を思い浮かべながら，自信と期待をもって計画を立てていきましょう。

❷ 責任実習指導案「5歳児クラス」

図6-8の指導案のように，実際に保育現場では，いろいろな計画の様式が用いられています。大学と実習先との連携や取り決めにもよりますので，養成校ともよく相談しながら，積極的に実習先の計画や記録を参考にさせていただき，園で実際に行われている様式での立案に挑戦してみるとよいでしょう。

➡3　短期間の実習生にとっては，子どもの実態の把握や長期の指導計画や短期の指導計画に位置づいた「ねらい」や「内容」の立案は難しいです。担任の先生や実習指導の先生とよく相談して進めていきましょう。

➡4　図6-7にある責任実習のねらいや内容は，部分実習と違って，1日の生活全体を通してのものとなります。

4歳児　ゆり組指導案

日時：20××年11月×日（火）9：00～14：00
在籍：25名（男児14名　女児11名）
担任　○○　○○　先生
実習生　○○　○○○

1　幼児の姿

《遊びへの取り組み》

・気の合う友達と声をかけ合って遊び始めている。中型積み木でイメージをもって場所を作ったり、遊びに必要なものを自分たちで作ったりしながら遊びを進めている。電車やキャンプ、お店屋さんなど近くで身近であった経験をしたり、ここが共通のイメージとなったりしながら、そのイメージをもって友達と集う楽しさを感じている。

・お店屋さんこっこを経験したことで、作ることの楽しさを感じている幼児が多い。「これを作りたい」と作りたいものイメージをもって作り始める姿が増えてきている。技能に個人差はあるが、一人一人が自分なりに作る楽しさを感じている。

《人との関わり》

・一人一人に気の合う相手や、一緒に遊びたい相手があり、友達と一緒に遊びたいと思いをもって、互いに影響し合いながら遊びを進めている。共通のイメージをもって遊びながらも個々の動きは自由であり、同じ遊びのなかでもそれぞれが自分なりの楽しみ方で遊んでいる。

《学級全体の活動への取り組み》

・身支度や片付けなど、生活に必要なことに進んで取り組み、自分でできることに自信をもっている。片付け場面では、自分たちの力できれいに片付けようという意欲が高く、友達とかけ声をかけて物を運んだり、片付いていない場所を自分たちで知らせ合って片付けたりする姿がある。

本日のねらい（○）と内容（・）

○自分で工夫して作ったり、作った物を使って遊んだりすることを楽しむ。
・遊びに必要な物を自分なりに工夫して作ることを楽しむ。
・作ったり、作った物で遊んだりすることを通して、友達と思いを出し合って遊びを進めていく。
○戸外で友達と一緒におもいきり体を動かして楽しむ。
・簡単なルールを守りながら、友達と一緒に体を動かす楽しさを感じる。
○友達と一緒にリズムを感じながら、友達と音を鳴らしたり、動きや音を揃えたりする楽しさを感じる。
・音をよく聴いてリズムに合わせて踊ったり、楽器を鳴らしたりする。
・いろいろなリズムに触れて動きながら友達とのつながりを感じる。

展開		
時間	生活の流れ	保育者（実習生）の援助、環境構成
9：00	○登園する ○挨拶をする ・所持品の始末をする ・水やりをする	**身支度** ☆受け取り組んでいる姿を認めたり、先への見通しをもてるような言葉をかけたりする。 ★水やり：チューリップ、畑のインゲンマメ・ソラマメ・エンドウ ☆発芽を楽しみにしたり、成長に気づいて言えるような言葉をかけ、一人一人の関心を高められるようにする。
9：15	○自ら遊ぶ遊びをする 【小ホール】 ・中型積み木　・巧技台 ・こっこ遊び　・ダンス　・楽器遊び 【保育室】 ・製作　・絵本・空き箱 【園庭】 ・ルールのある遊び （中当て、助け鬼、リレー） ・どろだんご　・縄跳び　　など	【環境構成図：小ホール（舞台／中型積み木・巧技台・こっこ遊び・ダンス・楽器遊び）、保育室（製作・絵本・空き箱）、園庭（どろだんご・縄跳び・ルールのある遊び（中当て、助け鬼、リレー））】 **自ら遊ぶ遊び** ☆友達と思いを出し合って遊びが進められるように、子どものイメージに合わせて遊びを進めていく楽しさを味わえるように環境を用意する。そのなかに子どもの思いが生かされ伝わらない時は、実習生が仲立ちするように援助していく。 ☆互いの思いや考えがうまく伝わらない子どもには、実習生が仲介となり、自分の考えが相手にうまく伝わったり、受け入れてもらったりした喜びを感じられるようにする。
10：40	○片付ける	
10：55	○一斉活動：楽器遊び（省略） 【例紙1　○○○】	**一斉活動：楽器遊び** ☆リズムを楽しみながら音や動きが揃うおもしろさを感じられるようにする。♪「ハイ！　タンブリン」 ☆一人一人が音を鳴らそう楽しさを感じながら、友達と一緒に取り組む組むことを楽しめるような展開の工夫をする。円形で行い、友達や教師の姿を見合いながら取り組めるようにする。
11：15	○お弁当を食べる ・お弁当の準備をする ・当番活動をする ・挨拶をする	
12：05	○自ら遊ぶ遊びをする 【小ホール】 ・中型積み木　・巧技台 ・こっこ遊び　・ダンス　・楽器遊び 【保育室】 ・製作　・絵本・空き箱 【園庭】 ・ルールのある遊び（中当て、助け鬼） ・一輪車　・縄跳び　　など	
13：00	○片付ける	
13：15	○ダンスをする	**ダンス：楽器遊び** ☆リズムを楽しみながら音で踊ったりするおもしろさを感じられるようにする。
13：30	○降園活動をする ・帰りの身支度をする ・歌を歌う「ホ・ホ・ホ！」 ・絵本を読む「もりのきりり」（昨日の続き） ・未満の予定を確認する ・挨拶をする	**降園活動** ☆一人一人の支度の様子を見守りながら、自分で行おうとする姿を認める。 ☆楽しく集まる雰囲気を大切にしながら、場面を捉えて話を聞く姿勢をつけていけるようにする。
14：00	○降園する	【実習生・幼児の配置図】

図6-7　4歳児クラス責任実習指導案の例

出所：筆者作成。

5歳児きく組指導案　日時：20××年6月××日（×）9：00～14：00　在籍：25名（男児11名　女児14名）　担任：○○○先生　実習生：○○○○

子どもの実態
・室内でのごっこ遊びが盛んで、病院ごっこや海賊ごっこなど、イメージをもって遊ぶことが多い。積み木を積んで場作りをしたりしている。
・戸外では、染め紙などの絵の具を使った製作を楽しんでいる。個々でめあてイメージをもってじっくりと取り組むや、友達の姿に目を向けたりの刺激を受けたりしながら友達と同じ場で一緒に取り組むことを楽しむ姿が見られる。
・誕生会の出し物として、ダンスを企画している。自分のやりたい曲に取り組むことを計画って友達と一緒に踊ったりして楽しんでいる。

ねらい
・自分のやりたいことを楽しむなかで、友達から刺激を受けたり、友達と力を合わせようとしたりする。
・イメージをもって遊ぶなかで、友達と一緒に思いやりのイメージを出し合いながら活動を進めることを楽しむ。
・友達と一緒に遊ぶことを楽しむ。

内容
・友達の動きや言葉に関心をもってよく見たり聞いたりして、自分の動きに取り入れようとする。
・自分の考えたことやイメージしたことを言葉や動きで相手に伝えようとする。
・友達の思いやイメージに気づく。

凡例　□□□…：前日までの子どもの姿　◎…：実習生の援助　☆…：環境および留意事項

時間	生活の流れ	環境および留意事項
9：00	○登園する・所持品の始末をする・水やりをする	
9：20	○当番活動をする　○自ら選ぶ遊びをする〈園庭〉水遊び・大型積木〈ホール〉ごっこ遊び・しゃぼん玉・製作など	〈水遊び（樋・ビールケース）〉・自分なりに試したり工夫をしたりしながら遊ぶ。◎自分なりに目的をもってよく見たりして、自分の動きに取り入れようとする。☆友達の思いやらいなどを用意できるように素材などを用意しておく。〈大型積木〉・ごっこ遊びの場作りに使っている。塀や椅子等の形を組み立てたりして、イメージをもって場作りをしている。◎友達と共通のイメージをもって場作りをする。☆「どこから？」など声をかけて場のイメージを読み取ったり、さらにイメージが膨らむようにイメージを共有しながら、同じ場にいる子ども同士が共通になるようにする。〈製作〉・気の合う友達と共通のイメージをもち、病院ごっこでは聴診器を体温計につなぐなどの工夫が見られる。◎それぞれの子どもが自分のものをつくったり、友達と同じものをつくるなど、ごっこ遊びに必要な食べ物などを使うことを楽しんでいる。☆自分なりのイメージをもって、考えたり工夫したりしてつくることを楽しむ。☆いろいろな発想が生まれるよう、さまざまな素材を用意しておく。
11：00	○片付ける・トイレに行く・水を飲む・手洗いうがいをする	〈しゃぼん玉（液作り）〉・前日に、市販の液でしゃぼん玉遊びを行い繰り返し楽しみながら、積み木を使って場作りをしたりして、作ろうとする姿も見られる。◎自分なりに目的なイメージをもって、液作りに取り組む。☆昨年度に経験した液作りの経験を活かしているため、おろし金やボトルを出して自分の液の大きさや量を調整しながら遊べるように環境を整える。
11：20	○昼食準備・当番の幼児は当番活動	〈ごっこ遊び〉・病院などのイメージをもって必要なものを作ったり、場や物をより本物らしく作ろうとでたる姿も見られる。一人一人が自分の思いやイメージを出し、友達と共有して遊びを進めるようにする。◎数名の友達とイメージを出し合いながらイメージや言葉を共有させていく。☆自分の動きや言葉に関心をもってよく見たりすることを共通の手に伝える。☆イメージや言葉に気づくようなるような言葉をかけたり、より本物らしくなるような物を提示したりしながら遊びを進められるようにする。☆子ども同士が遊びについてつながるような言葉をかけたりする。
11：40	○昼食・片付け	
12：15	○自ら選ぶ遊びをする〈ホール〉〈園庭〉	
13：00	○片付ける・トイレに行く・水を飲む・手洗いうがいをする	
13：10	○明日の誕生会の準備・椅子を並べる・出し物を見せ合う	
13：30	○降園活動をする・帰りの身支度をする・歌を歌う・絵本を読む・挨拶をする	
14：00	○降園する	

図6-8　5歳児クラス責任実習指導案の例

出所：筆者作成。

100

Book Guide

・岸井慶子（監修）保育実習研究部会『3 つのカベをのりこえる！　保育実習リアルガイド——
不安，日誌，指導案』学研教育みらい，2017年。

指導案立案のポイントについて，さまざまな年齢に応じた実際の指導案例をもとに解説してい
ます。また，子どもの様子に合わせて，指導内容をどのようにアレンジしていけばよいかにつ
いても解説されています。

・無藤隆・大豆生田啓友（編著）三谷大紀・北野幸子・松山洋平『3・4・5 歳児　子どもの姿
ベースの指導計画』フレーベル館，2019年。

新幼稚園教育要領，保育所保育指針に応じた指導計画のあり方について解説されているととも
に，各月の指導計画とそれに対応した具体的な実践例が紹介されています。計画と実践の関係
について理解を深める時に役立ちます。

・文部科学省『幼児理解に基づいた評価（平成31年 3 月）』チャイルド本社，2019年。

幼児理解と評価（振り返りの視点）について，実践事例を取り上げながら解説しています。一
人一人の幼児を理解することと，振り返って評価することの関係や基本的な考え方などが事例
を通して見えてくるでしょう。

Exercise

1. 実習前に，自己紹介，絵本の読み聞かせ，紙芝居，手遊び歌などについて教材研究し，それを
友達の前で実践してみましょう。
2. 参考書等で実際に園で立案している月案などの長期の指導計画と週案などの短期の指導計画に
ついて調べ，子どもの姿を考えながら具体的な活動案（遊びの提案や展開）を計画してみま
しょう。

第7章

0−2歳児クラスでの部分実習・責任実習の実際

水遊びを楽しむ子どもたち。水風船を持ち上げたり握ったり落としたりして，重さや感触を楽しんでいます。この遊びの指導案をあなたが立てるなら，どのようなねらいや環境構成や配慮を考えますか？

０−２歳児のクラスに配属された実習生から，部分実習で何をしたらよいのかわからないという声を聞くことがよくあります。３歳未満児の保育は，特に一人一人の個人差に応じたり，子どもの安全・安心につながる環境構成を考えたりすることが求められます。写真の子どもたちの様子をよく観察すると，きっとそれぞれの子どもの興味・関心について，いろいろと考えられたのではないかと思います。たとえば，水風船の重さや感触に興味をもっている様子を感じられるなら，いろいろな大きさや重さの水風船を用意してみてもよいかもしれません。クラスをひとつの集団として捉えて一斉にさせたいことを指導すると考えるのではなく，子どもの姿のなかからさまざまな提案を心がけ，子どもたちが関係しあいながら，それぞれの楽しみ方を味わえるような展開と配慮点を考えていくのです。この章では，０−２歳児クラスでの「部分実習」「責任実習」の視点や留意点について考えていきたいと思います。

0-2歳児クラスでの実習のポイント

❶ 一人一人に温かい関心を寄せよう

① 笑顔が子どもとの関係をつくる出発点

　皆さんは，0，1，2歳児と関わったり，遊んだことがありますか？　電車のなかで見かけたり，親戚の子どもと遊ぶ時などは，子どもたちが見せてくれる姿に魅せられ，思わず微笑んだり，「かわいい」って思えるでしょう。でも，いざ「実習」となるとどうしたらいいんだろうと戸惑うかもしれません。

　心配する必要はありません。まずは，子どもの見せてくれる姿に魅せられ，「かわいい」と思えることはとても大事なことです。そして，笑顔と柔らかい表情や言葉で，子どものしていることに応えていくことが重要です。実習生であろうと，実習期間中は子どもと共に生活する一人のおとなです。そのおとなが子どもに対して温かい関心を寄せ，笑顔でいることは，子どもとの関係や個々の活動や興味・関心を支える大切な援助の出発点になります。

② どうする？　子どもに警戒されたら

　でも，反対に，自分は積極的に関わって遊ぼうと思っているのに，子どもが寄ってこない，近づくと表情が曇ったらどうしますか？「自分は嫌われている」「保育者に向いていない」と思ったりしませんか？

　そんなふうに思う必要はありません。もちろん，私たちおとなと比べはるかに身体の小さい子どもたちに対して上から見下ろすような姿勢や大きな声で威圧的に関わることは避ける必要があります。でも，先に述べたような笑顔と柔らかい表情と言葉で関わっていたとしても，子どもに警戒される場合もあり得ます。それは，みなさんの力量の問題ではなく，子どもにとってその園の保育室や保育者が安心できる場や存在になっていることを示しているともいえます。

　みなさんが安心して過ごしている場所，たとえば自宅に見知らぬ

表7-1 未満児クラスで人見知りされた時どうしたか？

・その子にはとりあえず近寄らない，無理には関わろうとしない。（0，1歳児）
・でも，意識はその子にも向けながら，他の子と遊んだりして待ちつつ，その子の様子を見て声を掛ける。（1，2歳児）
・寄ってくる子どもと楽しそうに遊んで，警戒する子にも安心感を与える。（0，1歳児）
・自分自身（実習生）が遊具（保育室内の積み木など）で，ひとりで楽しそうに遊ぶ。（0，1歳児）
・人見知りする子がしている遊びを，少し離れたところで自分もする。（0，1，2歳児）
・姿勢（視線は子どもの高さで）・表情（穏やかニコニコ）が大事！（0，1，2歳児）
・担当保育士や担任保育士にアドバイスを自分からもらいにいく。（0，1，2歳児）
・絵本コーナーで，絵本を読む。（0，1歳児）
・ここには何があるのかなど，近寄ってきてくれる子どもに保育室内を案内してもらう。（1，2歳児）

➡出所：筆者作成。

人が急にいたらどう思うでしょう。当たり前ですが，みなさんだって警戒しますよね。ですから，その子の側から，考えてみてください。もちろん，個人差が大きい時期です。警戒し，人見知りが激しい子もいれば，誰にでも興味・関心を示していることが見えやすい子どももいます。人見知りをするからといって，興味・関心がないわけではないはずです。そんなふうに自分の予想とは違う姿を見せたとしても，温かい関心を寄せていくことが大切です。

③ 子どもの世界にお邪魔する方法

では，警戒されたら，どうしたらよいのでしょうか。もちろん，いつも上手くいく方法なんてありませんし，相手が誰かによっても変わってくるものです。実習を終えた学生たちに聞いてみたところ表7-1のような方法を試みるようです。

方法はひとつではありませんが，共通していることは，やはり人見知りする子どものことを否定的に見ておらず，その子の立場を考え，安心感を与えようとしていることだと思います。

青山（2017）は，「子どもの世界にお邪魔する方法」として，青山自身がよく試みる方法として次の3つを挙げています。[1]

・子どもと隣り合ってみる。
・子どものまねをしてみる。
・子どもと平行遊びをしてみる。

子どもの見ている先をともに見てみたり，子どもの楽しんでいることを自分もやってみて楽しんでみたり，いきなりは関わっていか

➡1 青山誠『あなたも保育者になれる──子どもの心に耳をすますための22のヒント』小学館，2017年，p. 36.

106

ずに自分は自分で遊んでみたりすることで，ふっと言葉や視線を交わす瞬間を，その子のペースに合わせて待っているといえるでしょう。

　青山の使う「お邪魔する」という表現。そこには，子どもを操作したり，指示する対象として見ておらず，ひとりの人間として尊重していることがうかがえます。「保育所保育指針」では，0，1，2歳児という幼い時期こそ，一人一人が温かく受け止められて，安心して自分を出せるような環境や人との関わり，つまり「養護と教育の一体的な展開」が重要であることが，あらためて強調されています。相手が0歳児であろうと，その子をひとりの人間として認め，自ら育とうとしていることに対して肯定的なまなざしを向け，応答的に関わっていくことが求められているのです。

➡ 2　「保育所保育指針」の第1章「総則」の2「養護に関する基本的事項」の（1）「養護の理念」。

❷「ていねいな言葉遣いと態度」を目指そう

　この時期の子どもにもっとも必要なことは，自分が他者に歓迎され，愛されていると実感できることです。そのためには，その子が安心して自分を表現し，肯定的に受容されることが必要です。子どもをひとりの人間として認めるということは，その子自身が自ら考える機会を保障するということでもあります。そうした機会は，子どもの傍にいるおとなによってつくられることから，おとなの「言葉」や「態度」は重要です。ていねいすぎる言葉はかえって違和感を生みますが，まだいわゆる言葉を話さない0歳児であったとしても，子どもを傷つけたり，下にみるような言葉遣いや態度を示さず，「ていねいな言葉遣いと態度」をとることを心がけましょう（表7-2）。

❸ 3歳未満児の世界を味わい，楽しもう

　子どもとの関係ができてきたら，その子のすることの意味を考えてみましょう。以下に示すエピソードは，0歳児クラスで責任実習を行った学生の振り返りの記録からの抜粋です。

表7-2 場面にみるていねいな言葉遣い・態度と雑な言葉遣い・態度

	ていねいな言葉遣い・態度	雑な言葉遣い・態度
早くしてほしい時	・「〜が終わったら，……しようね」 （見通しを持たせる） ・「友達（や先生）が，待ってるよ」 （次の活動に期待をもたせる） ・「あ，あれはなんだろう？」 （別の「楽しみ」を示す）	・「早く！！」（怒） ・「先に〜しちゃうからね！」 ・「怖い人，来るよ！」 ・「へくん，いつも遅い！」 ・「みんな困ってるでしょ？」
泣き続けている子に	・やさしく抱きしめる （身体接触で落ち着かせる） ・「〜がいやだったね」 （泣いている理由がわかれば言葉にしてみる） ・「泣きたいね。いっぱい泣いていいからね」 （気持ちに共感する）	・「いつまでも泣いてないの！」 ・「男の子なのに，おかしいよ」 ・「トイレに閉じ込めるからね」 ・放置する。
おむつ替えや，移動のシーンで	・「オムツ，濡れたかな？ きれいにしようね」 ・「〜するから，外に行こうね」 （声をかけてから行動する）	・いきなり無言で抱き上げる，手首をつかんで引っ張る。
子どもが失敗した時	・「大丈夫，大丈夫だよ」 （安心させる） ──その後に ・「じゃあ今度は〜しようか」 （気持ちを立て直す） ・状況によっては楽しい歌を歌うなど （気持ちを明るくさせる）。	・「だからいったのに」 ・「またやったの？ なんで？」 ・「本当に赤ちゃんだね」 ・「はあ……」（怒） ・「むかつく。嫌い」 ・たたく，突き飛ばす。
友達をたたいた時	・「〜が嫌でたたいちゃったの？」 （まず，気持ちを理解しようとする） ──その後に（発達に応じて） ・「嫌なことはやめてっていうとわかってもらえるよ」 （友達との関わり方を伝える） ・「ごめんねっていってみる？」 （謝る方法を伝える）	・「どんなに痛いか，たたこうか？」 ・「Aくんが悪い！ ごめんねは？」 ・「たたいたらダメなんでしょ？ Bちゃん泣いててかわいそう。先生，いつもいってるけど，どうしたらいいと思う？なんていえばいいの？……」 （くどくど，諭し続ける）
食の進まない子に	・「これ，〜だね，おいしそう♪」 ・「これ食べると，力が出るんだよね」 （食べたくなる働きかけ） ・「おなかすいてないんだね。じゃあ，もう片づけようか？」 （共感し，提案する）	・「食べないと大きくなれないんだからね」 ・「あとでおなかすいても知らないよ」 ・「じゃあ，おやつもあげない」 ・口に押し込む。

▶出所：大豆生田啓友・おおえだけいこ『日本が誇る！ ていねいな保育──0・1・2歳児クラスの現場から』小学館，2019年，pp. 28-29をもとに作成。

Episode 1　Hちゃんの"どうぞ"に込めた思い

　だんだんと言葉でコミュニケーションを取ろうとするHちゃん。Hちゃんと関わっているなかで印象に残った出来事がありました。それは，Hちゃんが他の子どもにおもちゃなどを「どうぞ」していた場面でした。外遊びをしていた時，初めは私に「みてて」と言い，鉄棒にぶら下がったり，鉄棒に括られた縄でブランコを楽しんでいました。しばらくしてSちゃんが近くに来ると「はい」「どうぞ」と自分が使っていないほうのブランコの縄をSちゃんに渡そうとしていました。何度か繰り返し声を掛けていましたが，①Sちゃんは他の遊びに夢中になっていたので「どうぞしてあげたんだね，Hちゃん優しいね」と声を掛けました。その後の室内遊びでも同じようなことがあり，Hちゃんがご飯に見立てたお手玉を入れたボウルとレンゲを持ってSちゃんに「どうぞ」と渡していました。今度はSちゃんも受け取り，その後は2人で一緒におままごとのような遊びを楽しんでいる様子でした。

　②Hちゃんが，自分が使っている物と同じおもちゃをSちゃんに渡していた時の「どうぞ」は，"一緒に遊ぼう"という意味だったのではないかと感じました。今回の出来事を通して0歳児クラスの子どもたちは自分が使える言葉を用いてさまざまな気持ちを伝えようとしていると思いました。子どもの言葉からのみすべての思いを読み取ることは難しいですが，実習生としても，子どもたちが何を伝えようとしているのか，子どもの思いに寄り添った対応を心がけていきたいと思いました。

　この記録からは，実習生がHちゃんの言動から，Hちゃんの思いを丁寧に読み取ろうとしていることがわかります。また，Hちゃんの思いを汲んで，丁寧に応答していることも伝わってきます。下線①では，Sちゃんに伝わらないHちゃんの思いを汲みながら，Hちゃんの思いを代弁し，肯定的に認めています。でも，この時には，Hちゃんの「どうぞ」には，あくまで私たちが使う「どうぞ」，すなわち「空いているよ」，「使っていいよ」という思いがあったと考えていたようです。それが，室内での「どうぞ」の場面があり，下線②のように捉え直しているのです。つまり，その子のすることの意味は，ただじっと見ていれば見えてくるわけではないのです。その子と関わりながら，その子の表情や見ている先をともに見ることで読み取れるようになっていくのです。さらにこの実習生は，Hちゃんが，Hちゃんより月齢の高いSちゃんに対して他児とは違う関わりをしていることに気づき，Hちゃんにとって憧れであり，今一緒に遊びたい大好きな相手になっていることも読み取っていました。

　その子がどんな思いで「いる」のか，どんな思いで「する」のか，何が好きなんだろうか，と関わりながら思いを巡らせながら丁寧に関わっていくことが3歳未満児保育においては特に重要です。なぜ

表7-3 園内で注目してみたい子どもの遊び・もの・行為・事象

室内	園庭
ごっこ遊び	ごっこ遊び
隠れる，段差	水，砂，土，泥
鏡，光，影	道具や素材
ひっぱる，おとす，積む，たたく，並べる，登る，降りるなど。	走る，登る，降りる，つかむ，あつめる，掘る，流す，並べる，採るなど。
音，色，リズム（音楽）	植物
絵本	生き物
描く，つくる	描く，つくる

▶出所：筆者作成。

なら，その関わりに支えられながら，0歳児であっても，自ら人やもの，事象等と関わり探求し，世界を広げていくからです。それゆえに，保育所保育指針では，新たに0歳児保育のねらいと内容について「3つの視点」が示されたのです。そして，1，2歳児保育については，その時期の特性を考慮して3歳以上児とは別に新たに5領域が示され，よりきめ細やかにその時々の子どもを理解し支えていくことが3歳以上児の保育につながるとしているのです。

❹ 興味・関心を向けていることを探り，探求している姿に応え，一緒に楽しもう

子どもたちが自ら世界を広げていく時，その出発点には，その子の興味・関心が必ずあります。一人一人の子どもがどんなことに興味・関心をもっているのか，そこから何を探求しているのかに目を向け，子どもと一緒にその過程を楽しんでみましょう。たとえば，表7-3のような遊び・もの・行為・事象等に対して，どんな興味・関心を向けたり，どんなことを楽しんでいるかに注目してみるといいかもしれません。

表7-3にあげたのは一部分ですが，同じ遊びや事象であったとしても，興味・関心のもち方，楽しみ方は，子どもによって違います。たとえば，水，砂，土，泥に触れ，その感触や性質を楽しみ，遊ぶことは，子どもにとって魅力的です。それらの感触を味わう表情を見れば，一目瞭然です。でも子どもによって，砂のさらさらする感触や泥の粘り気のある感触を味わったり，砂をちょっとした高さからぱらぱらと落ちる様を鑑賞するなど，子どもによって感じて

▶3 3つの視点とは，身体的発達に関する視点「健やかに伸び伸びと育つ」，社会的発達に関する視点「身近な人と気持ちが通じ合う」，精神的発達に関する視点「身近なものと関わり感性が育つ」のことです（「保育所保育指針」第2章「保育の内容」の1「乳児保育に関わるねらい及び内容」）。

いるおもしろさはさまざまです。また，カップやスコップ，お玉などの道具類の使い方も子どもによってさまざまです。そうした道具を用いて，どんなことを楽しみ，どんな発見や問いを生み出しているか注目してみてもいいかもしれません（写真7-1）。ただし，0，1，2歳児の遊びは，一見すると何を楽しんでいるかわからない，名前のつけようのない遊びに夢中になっている姿をみることがあります。でも，きっとそこには何かしら興味・関心を引きつけら

写真7-1　カップやスプーンを使いながら泥水で遊ぶ子どもたち
➡出所：ゆうゆうのもり幼保園（神奈川県，横浜市）提供。

れるものがあり，子どもはさまざまなことを思い，探求しているはずです。「○○ごっこ」といった名前のつく遊びではない遊びのなかでの子どもの興味・関心にも目を向けてみると，その子への理解が深まり，その子との関係や具体的な援助のあり方も変わってくると思います。さらに，園外に散歩に出かけた際などには，その道のりや行き先にも，子どもが興味・関心を向けるもの，楽しみ方がいろいろあるはずです。このように日々の生活のなかで子どもたちがどんなことに興味・関心を向け，どんなことを楽しんでいるかを探っていくことは，一人一人の興味・関心や実態に応じた部分実習や責任実習の内容を考える際にも欠かせないのです。

❺ 自分の考えや見取った子どもの思いや姿を発信しよう

　子どもたちが今，どんなことに興味・関心をもっているかは，園の環境構成にも反映されているかもしれません。どんな壁面になっているか，どんな写真が掲示されているかなどに注目しながら，担任・担当の先生に聞いてみることも大切です。

　0，1，2歳児クラスでは，複数担任制や担当制をとっていることがほとんどです。保育者同士で自分が見取った子どもの思いや姿を発信し，共有していくことで，子ども理解がより深まり，一人一

人に応じた援助を考えることが可能になります。

　先にあげた Episode 1 の実習生の記録に対して，主任の先生は，次のようなコメントを付箋でつけて返してくれています。「すごいことに気がついたんだね！　なるほど。ずっとHちゃんを見てきたから『どうぞ』の言葉に込められた気持ちを読み取れたんだね。相手を理解していないとできないことだと思います。スゴイ！！」。また，0歳児クラスの先生方からも「Hくんの"どうぞ"という姿からは，確かに"楽しい"を友達と共有したいという気持ちが伝わってきますね。(中略) これからも子どもの一言にどのような気持ちが含まれているか考えたり，想像をし，たくさん子どものさまざまな一面をみつけていってほしいと感じました」「○○さんの子どもを見る視点とても素敵だと思います」といったコメントが寄せられていました。

　こうしたことからは，日頃から園の先生方同士が，また先生方と実習生が子どもの姿について意見交換していることを垣間見ることができます。そして，園の先生方は，実習生の視点を自分たちの保育に活かしていこうとしていることがうかがえます。よって，当然実習生にも，自分の考えや見取った子どもの思いや姿，疑問を園の先生方に発信し，自分の見方を広げ，深めていくことが求められ，それ自体も大事な実習の学びの機会となるのです。

　では，具体的な各年齢のクラスの部分・責任実習の内容について，次節以降で考えてみたいと思います。

2　0歳児クラスでの実習

❶ 0歳児クラスでの実習における学びの視点

① 子どもとの関わり

　実習で0歳児クラスに入った学生たちは，授乳をしたり，オムツを替えたり，抱っこをしたりする乳児との関わりを通して，小さいながらも生きようとする力や命を感じてとても感動したと話してくれます。その一方で，「あかちゃんと遊んでと保育者に言われたけ

れど，どうやって遊んでいいかわからなかった」「言葉が通じないので，どう接したらいいのか悩んだ」「人見知りをする子どもがいて，近づくと泣くので困った」といった声も聞かれます。

　みなさんのなかには，これまで乳児と関わる機会がなかった人もいるのではないでしょうか。私たちは大人ですから，自分のことは自分でできますし，言葉で意思を伝えたり，相手とお互いに気持ちを通い合わせたりすることもできます。私たちはそれが「あたりまえ」だと思っています。しかし，乳児と関わる時，その「あたりまえ」は通用しないということを実感させられます。

　月齢の低い乳児は，1日のうち，寝ている時間がほとんどで，おなかがすいたりオムツが汚れたりすれば泣きますが，言葉で自分のしてほしいことを伝えることはできません。そんな乳児のオムツ替えをする時，あなたならどうするか考えてみてください。言葉でのコミュニケーションができないからといって，無言のまま表情も変えずにオムツ替えをするでしょうか。ほとんどの人はきっと，「これからオムツを替えようね，オムツが濡れて気持ち悪かったね」などと話しかけたり，オムツを替えた後，あかちゃんの手足をなでてあげたり，目が合ったら笑いかけたりするのではないでしょうか。あかちゃんの表情から気持ちを感じ取り，「気持ちよくなったね。よかったね」と言葉をかけるのではないでしょうか。このように，言葉を話さなくても，自分で動くことができなくても，同じ人間として相手と気持ちが通じ合えますし，わかり合うこともできるのです。

　0歳児クラスの実習では，月齢ごとの子どもの発達の特徴をよく理解して，実習生自身の関わり方を考えることが必要となります。

② 保育者との愛着関係

　0歳児は，家庭では養育者との関係，保育所では保育者との関係が非常に重要です。「保育所保育指針」にもあるように，この時期は，特定の大人との愛着関係が子どもの発達の基盤になります。そのため，保育所でも，保育者は子ども一人一人との関係を大切に育てています。

　子どもをあやそうと思って近づいたのに泣き出してしまったり，離乳食を食べさせようとしても嫌がられたりすることもこの時期にはよく見られることです。あなたも，見知らぬ人から急に話しかけ

られたり，食べ物を食べさせてもらったりすることに警戒心や恐怖心を抱くことでしょう。同じように，子どもにとって，実習生はよく知らない大人ですから，こちらが積極的に関わろうとすると怖がって泣くということが起こるというのも理解できるでしょう。

　人見知りが始まる時期になると，その傾向はますます強くなり，特定のおとな以外は受けつけなくなります。「目が合っただけなのに大きな声で泣かれてしまった。保育者が抱っこするとすぐに泣きやんだ。自分が嫌われたようでショックだった」という感想もよく聞かれることからもわかるように，特定の大人との人間関係が強い時期だということを実感させられる経験をすることもあります。そんな時，無理矢理相手との距離を縮めようとするのは逆効果になることもあるので，相手が自分の存在に慣れ，興味をもつようになるまで焦らないようにしましょう。他の子どもと一緒に遊んでいるあなたを観察したり，自分の信頼する保育者と話をしているあなたの様子を見たりして，子どもなりに自分にとって安心できる相手かどうかを見極めていきます。

❷ ０歳児クラスでの部分実習・責任実習

　０歳児の保育では，特にデイリープログラムが大きな役割を果たしています。デイリープログラムとは，月齢ごとにそれぞれのリズムに合った快適な生活ができるように考えて作られているものです。また，保育の計画が個人ごとに作られているのは先に述べた通りです。０歳児のクラスへの配属が決まったら，保育者にデイリープログラムや指導計画を見せてもらうようにして，個々の子どもに対してどんなねらいをもっているのか，どんなことに注意して関わっているのかについてあらかじめ話を聞いておくようにするとよいでしょう。

　実際には，０歳児のクラスで１日実習をすることはほとんどないのが現状で，個々のリズムに合わせた適切な世話をすることと，発達の状態に合わせた遊びをすることが中心になります。そのため，クラスの指導計画案はここでは掲載していません。子どものサインを見逃さずに適切に対応することは，簡単なことではありません。最初は，人見知りの少ない，機嫌のよい子どもを中心に関わることになりますが，慣れると実習生が世話ができるようになる子どもも

出てきます。保育者のしていることをよく見て，教わりながら何回も自分でもやってみましょう。だんだんその子どもに応じた関わり方ができるようになります。

　遊びについては，全身を使うもの，見る・聞く・触れるなどの感覚を通したもの，人と触れ合いながら行うものなど，それぞれ発達の状態に合わせた遊びを提供するようにしましょう。

　0歳児のクラスには，いろいろな発達の段階にある子どもがいます。寝返りができるようになったばかりの子どももいれば，お座りをして遊んでいる子ども，つかまり立ちをしてうれしそうにしている子どもなど，同じクラスのなかでも大きな違いがあります。ですから，さまざまな段階にある子どもに同じ内容の遊びを提案するのは無理があります。しかし，ひとつの遊びを子どもの実態に合わせた形で楽しむことは可能なのです。たとえば，「いないいないばー」遊びは，子どもたちが大好きな遊びのひとつです。この遊びは，大人が，仰向けに寝ている子どもに向き合っても行うことができますし，もう少し月齢が高い子どもなら，ついたての向こうに隠れて顔を出すといった楽しみ方をすることもできる遊びです。実習の前に，0歳にふさわしい遊びや遊び方のバリエーションを考えて準備しておくとよいでしょう。

3　1歳児クラスでの実習

❶　1歳児クラスでの実習における学びの視点

　1歳を過ぎると，保育室での生活の様子もだいぶ変わってきます。自分のマークがわかり，自分の持ち物がわかるようになります。また，「おはよう」「いただきます」などの生活の言葉が出てくるようにもなってきます。全身の動きが活発になるだけでなく，手先の細かい動きもできるようになるので，器用に物をつまんだり，積み重ねたり，持っている物を反対の手に持ち替えたりする姿が見られるようになります。保育者は，遊びのなかで好奇心や探求心を十分満足させられるような配慮をする必要があります。

① 安全に配慮した環境作り

　1歳児クラスになると，ほとんどの子どもの歩行が完成することから，動きが活発になります。自分の身体を自分で自由に動かせるようになるため，探索活動も盛んになってくるので，安全に対する配慮が特に求められる時期だといえます。これは，なにも子どもたちが遊んでいる場面に限ったことではありません。たとえば，子どもたちが登園する前に，園庭や保育室内に危険なものは落ちていないか，手の届く範囲内に口に入れたら危険なものがないかなどを確認し，ケガや事故につながらないように点検を行うのもそのひとつです。その一方で，危ないからといって，活動を制限したり，禁止したりしてばかりいては，子どもが自分の身体と感覚をいっぱいに使って，周りにあるものにふれ，学ぶ機会を奪ってしまうことになる危険性もあります。安全面に十分配慮したうえで，好奇心を満たすことができるように環境を整えることが必要です。

　また，遊びのなかで，ものの取り合いや占有が頻繁に起こるようになってきます。1歳児は，まだ相手の気持ちを考えることも，自分の思いを伝えることもうまくできません。ですから，同じ場所でたくさんの子どもたちが一緒に遊んでいると，同じおもちゃを巡って取り合いになったり噛みついたりすることがよく起こります。この時期の子どもは，自分が興味をもったものに思うように関わり，探索しようとします。環境を考える際，たとえば，保育者からは全体が見通せるように，個々の遊びのスペースをついたてのようなもので区切って確保してあげるなど，一人一人が自分のしたい遊びに集中できる配慮をすることが必要です。

② 子どもの気持ちを尊重した援助活動

　子どもが自分の意思をはっきり示すことが増え，「いや」「だめ」と拒否することが出てきます。自分でやりたいという気持ちが強まり，身の回りのことを，時間がかかったり，何度もやり直したりしながらも自分でやろうとする姿も見られるようになります。実際に，自分でできるようになるのはまだまだ先のことですが，保育者は，子どもの気持ちを尊重しながら援助をしています。

　先に述べたように，保育所での生活は，デイリープログラムに基づいています。このデイリープログラムは，決められた時間に決められたことをするためにあるのではありません。自我が芽生え，自

立への第一歩を踏み出した子どもたちは，なかなか大人の思うように行動してはくれません。保育者は，個々の子どもの状態を理解し，それに合った対応をしています。しかし，実習生は，どうしても自分の立てた計画の通りに保育を進めなければいけないという気持ちが強くなるので，オムツを替えようとしたら，取ったオムツを持ったまま走って行ってしまう，遊んでしまってなかなか食事をしないなどの子どもの行動には頭を悩ませてしまいます。思うようにならない子どもたちと，過ぎていく時間に焦る気持ちを募らせてしまうのです。

　保育者は，子どもたちの行動をどう受け止めているでしょうか。どのように対応しているでしょうか。部分実習や責任実習までの間に，保育者の対応をよく見て，学んでおきましょう。また，一人一人の子どもへの対応について，保育者から話を聞き，余裕をもった時間配分をするのも計画を立てるうえで必要です。

❷ 1歳児クラスでの指導計画（責任実習）

　それでは，ここで，みなさんの先輩が，実際に1歳児クラスで実習を行う際に作成した指導計画案を見てみることにしましょう。

　先にも述べたように，3歳未満の子どもは，発達の個人差が大きい時期です。クラスでの実習とはいっても，基本的には個人の発達の状況や興味・関心に沿ってきめ細かく関わることが求められます。

　図7-1を見ると，クラスにどんな子どもがいるのかということはわかりますが，具体的に個々の子どもの姿は見えてきません。指導計画案では，まず，日々の子どもの遊びや生活の姿を詳しく捉え，そこから実習日の子どもの姿を予想することが必要です。そのうえで，個々の子どもの生活の様子から，実習生がどの子どもに，どんなねらいをもって関わるかを示すことが求められます。

　そこで，図7-2では，実習日誌の記述から，個々の子どもの姿をもう一度見直し，実習日の子どもの姿の予想を立てました。そのうえで，実習生がどのように関わろうとしているのかを書くようにしました。遊びや生活の予想ができたので，必要な配慮や環境構成も具体的に記述されています。

20XX年9月13日（金）の指導計画案

ひよこ組（1歳児）　　　男児　8名　　女児　8名

予想される子どもの姿（●印）・環境構成（○印）・実習生の援助および留意点（女印）

時　間	生活・活動の流れ
8：30	登園する
	保育室で遊ぶ
9：20	おやつ
	オムツ交換・排泄
10：00	保育室内で遊ぶ
11：00	片付け
	給食の準備
11：15	給食
11：45	紙芝居を見る

【子どもの姿】
・砂場で遊ぶのが好きな子どもが多い。
・室内では、積み木やペグボードを使って遊ぶ子ども
も出てきた。
・保育者と一緒にわらべうたで遊んだり、手遊びをしたりする
ことを楽しんでいる子どもがいる。
・友達の使っているものを取ったり、噛みついてしまったりして
まったりする子どもや自分でできる子どもがいる。
・何でも自分でやりたがるが、時間がかかってしまうが、できなくて泣
き出してしまう子どもがいる。

【ねらい】
○室内で自分の好きな遊びを見つけて楽しむ。
【内容】
・保育室のなかで、実習生や友達と遊ぶ。
・自分のしたい遊びを見つけて遊ぶ。

【反省と評価】

【環境構成図および援助・留意点】

●持ち物の出し入れやお着替えなどが
できる子もそうでない子どもが
いる。
○時間がかかっても、自分でできた
喜びを味わえるように支援する。
女自分でできない時には様子を見ながら手伝う。

●ペグボードやコップ重ねなどをす
る子どもがいる。
○ペグボードとコップは「どうぞ」とすぐに遊
び出せるようにテーブルの上に出し
ておく。
女自分でやっている子どもと一緒に遊び、
できたら子どもと一緒に喜び。
手伝いが必要なところは手を貸す。

●お母さんのまねをして料理を作り、
保育者や実習生に「どうぞ」と遊
んでくれる。お人形さんにごはんを食べさせる
子どもがいる。
女おいしそうに食べ、
「ごちそうさま」と言って返す。

●男児には車やバスなどのミニカーが人気
がある。お気に入りの車を走らせることを楽し
む。
○マットの周りを走らせることができるよう
に、マットの間をあけておくようにする。
女遊びが集中してやっている姿を見
守り、できたら子どもと一緒に喜び、手伝い
が必要なところは手を貸す。ひとり

●すべり台の階段を登ろうとしたり、
すべることを楽しむ子どもがいる。
○すべり台で遊んでいる子どもがいると
きには付き添ってケガのないように注
意する。
女必要ならば、階段を登る手伝いをする。

●テーブルの上のストローボトルに興味を示し、実習生がペット
ボトルを示すと、ストロー落としを
楽しむ子どもがいる。
○ペットボトルも細いものと広いものを広い
もの、ストローも細いものと太いものを
を準備しておく。
女興味を示す子どもがいたら、遊び方
を見せて一緒にやってみる。

●自分のお気に入りの絵本を自分で
選んで楽しんだり、実習生や保育
者に読んでもらうことを喜ぶ。
○子どもたちの好きな絵本が手に取れる
ように絵本棚に並べておく。
女安心してゆったりとした雰囲気の
なかで読めるように心がける。

（環境構成図：畳、個人棚、マット、交換台、ミルク台、トイレ、棚、水道、テーブル、すべり台、入口ロッカー、マット、絵本、ままごとセット、おもちゃ棚）

【ストロー落とし】
・さまざまな大きさのペットボトルのまわりにいろいろな色のビニールテープを貼ったものを7本
備える。
・ストローは、細いもの、太いものをそれぞれ3本（予備各5本）準備する。
・ペットボトルの口から、ストローを落として遊ぶ。

紙芝居「ワンワンワン」を見る
女子どもたちがマットの上に座るように声をかける。
女子どもたちが手遊びをして待つ。
女わかりやすいようにはっきりと読む。
女子どもたちの反応を受け止めながら読む。

【食事・おやつ】
・子どもたちの遊びの様子を見ながら、テーブルを出して、ふきんで
拭く。
・子ども用のふきんを準備する。
・一人一人に付けるものを確認する。
・給食を食べる準備をする。
・給食をとりに行く時には、○○先生にも手伝ってもらう。
女子ども1人に付き、手遊びをして待つ。
・アレルギーのある子どもがいるので、そのための食事は別に
準備する。

【実習生の援助と留意点】
女衣服の着脱や片付けは、時間がかかっても、できるだけ見守る。必
要なところだけ、さりげなく手を貸す。トイレに行く子どもは誘
うように、さりげなく手を貸す。
女オムツ交換はスムーズに行うように手を貸す。
女食事やおやつの時には、おいしい、楽しいという気持ちを味わえ
るように、楽しい雰囲気作りを心がける。
女アレルギー除去食の食事やおやつには、十分に注意をする。

図7-1　1歳児クラスの指導計画（原案）

出所：筆者作成。

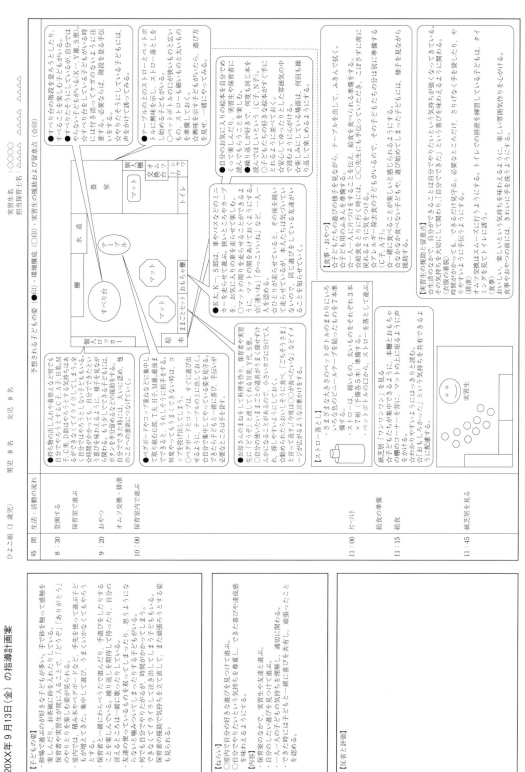

20XX年9月13日（金）の指導計画案

実習生名：○○○○
担当保育士名：△△△△　△△△△　△△△△

ひよこ組（1歳児）　　男児　8名　　女児　8名

時間	生活・活動の流れ	予想される子どもの姿（●印）・環境構成（○印）・実習生の援助および留意点（☆印）
8：30	登園する 保育室で遊ぶ	
9：20	おやつ	
	オムツ交換・排泄	
10：00	保育室内で遊ぶ	
11：00	片づけ	
11：15	給食の準備 給食	
11：45	紙芝居を見る	

図7-2　1歳児クラスの指導計画（修正案）

4 2歳児クラスでの実習

❶ 2歳児クラスでの実習における学びの視点

　2歳になると，保育者とも友達とも言葉でのやりとりが増えてきます。生活のなかで，自分でできることが多くなり，簡単な衣服の着脱や片づけをするようになります。また，活発さが増してますます好奇心や探求心が高まり，行動範囲も広がります。

① 遊びの環境の考え方
　保育者や保護者のしていることをまねしてごっこ遊びや見立て遊びも盛んに行われるようになります。また，経験したことを再現して遊ぶことも大好きです。たとえば，みんなで園外保育に行った後には遠足ごっこが始まり，保育者に絵本を読んでもらった後には，絵本のストーリーを再現する遊びが始まるといった具合です。子どもたちの経験や心の動きを敏感に察知し，それを再現できる環境を整えてあげることで遊びが充実します。常に遊びの充実や広がりを意識することは重要ですが，ここでも，安全面への十分な配慮が必要であることはいうまでもありません。

② 友達との気持ちの共有
　遊びのなかで，友達と関わる場面も多くなりますが，まだ，同じ場にいても一緒にイメージを共有して遊ぶまでには至らないので，保育者の援助が重要な役割をもちます。たとえば，段ボールに紙を貼って電車を作っておくことで，子どもたちが共通のイメージをもって遊ぶきっかけになります。ひとりで遊ぶのも楽しいけれど，友達と一緒に遊ぶのも楽しいと感じられるようにしてあげたいものです。個々を大切にしながらも，友達の存在を意識できるような遊びの機会を作ることで，「一緒にいると楽しい」という気持ちが育ちます。

❷ 2歳児クラスでの指導計画（責任実習）

　ここで，先輩の作成した，2歳児クラスでの指導計画案を見てみましょう。

　図7-3の「子どもの姿」の欄には，具体的な遊びの内容が書かれていないため，子どもたちが何を楽しんでいるのか，興味があるのかがわかりません。図7-4では，具体的な遊びや生活の様子が書かれ，クラスのなかで，子どもたちが水遊びや粘土遊びなど，感触を楽しむ遊びを好んでおり，それが「手足スタンプ遊び」の計画につながったことがわかります。さらに，ほとんど書かれていなかった子どもの姿の予想を書き入れたことで，具体的な環境構成や実習生の援助活動も記述されています。

　また，保育者が遊びを提案したからといって，全員が同じように興味をもって取り組むというわけではありません。「おもしろそうだな」「楽しそう，やってみたい」という気持ちをもてるような環境構成が重要です。図7-4にあるように，朝，その日に行う遊びに興味をもてるように手形や足形を保育室に貼って遊びに期待をもてるように雰囲気を作ることも重要です。また，すぐに遊びに飛び込む子どももいる一方で，色が身体につくことを躊躇する子どももいるでしょう。実習生や友達が楽しそうに遊んでいるのを見ることで，安心して遊び始めることもあります。無理強いするのではなく，その子どもが「やってみよう」と思うタイミングを捉えて誘ってみることが，必要な経験につながります。修正案のように，別の遊び方ができるような準備をしておくことも必要でしょう。

　実習生が見落としてしまうことのひとつに，登園後や降園前の遊びがあります。自分が提供しようとしている遊びだけではなく，子どもたちが自分のしたい遊びを十分に楽しめるように，子どもがしている遊びの内容を把握し，必要な遊具や用具を遊び出しやすいように整えておくことを心がけましょう。

20XX年9月13日（金）の指導計画案

実習生名：○○○○
担当保育士名：△△△△

ごあら組（2歳児）　男児 10名　女児 8名

【子どもの姿】
・日々の生活を通して、生活習慣が身についてきている。
・園庭では、水を使った遊びをする子どもが多くいる。
・室内では粘土を使って遊ぶ子どもが多くいる。
・室内では、ごっこ遊びで遊び立てて遊ぶ姿が見られたり、追いかけっこをするなど、友達同士の関わりが出て来ている。
・自分で絵本を見たり、実習生に読んでもらって来る半面、保育者にしてもらうことがあることもある。
・着替えや片付けなど、何でも自分でやりたがる子が多い。

【ねらい】
○遊びを通して自分の身体で感触を楽しむ。
○保育者や友達と遊ぶことを楽しむ。
【内容】
・手足スタンプ遊びをする。
・友達や保育者と遊びのおもしろさや楽しさを共有する。

[反省と評価]

時間	予想される子どもの活動	環境構成（○印）・実習生の援助活動
9:00	・順次登園する ・朝の身支度をすませた子どもから、保育室のなかで自分の好きな遊びをする	☆子どもの姿がみえたら、「〇〇ちゃんおはよう」と挨拶をし、笑顔で迎える。実習生の接助活動。顔色や表情を注意して見る。 【手足スタンプ遊び準備（ホール）】 ○ビニールシートを4枚ずつなげていく。模造紙を4枚ずつ貼り合わせたものを3セット用意しておく。○赤、青、緑の絵の具を水で溶き、適当な濃さにし、それぞれ雑巾に しみこませ、たらいのなかに絵の具を入れておく。 【手足スタンプの準備（テラス）】 ○足拭きタオル　○たらいウ　○床を拭く雑巾
9:20	おやつ ・遊んだものの片付け、手洗いをする ・おやつをもらいに行く ・「いただきます」の挨拶をしておやつを食べる	☆おしまりの準備をする。 ☆子どもエネルギーのあるおやつを注意して配る。 ☆アレルギーのある子のおやつにも注意して配る。 ○「いただきます」の挨拶をお願いし、先生に保育室の子どもたちとお願う。テラスに手足スタンプの準備をする。
9:50	・スタンプ遊びについての話をする、着替えをする ・排泄を済ませ、着替えをし隣のホールに集まる	☆自分ででできるところは自分で行えるように声をかける。 ☆着替えが済んだら着替え袋に入れるように伝える。 ☆着替えが済んだところから実習生は手足スタンプの準備をする。一人一人確認する。
10:50	・着替えを済ませたら、ホールから隣の保育室に戻る ・手足スタンプの遊び方を説明する ・実習生がやっているのを見る ・手足スタンプをする ・自分のつけたいところにない絵の具をつけてスタンプをしてみる ・あまりやりたくないながらも実習生や保育者に付けてもらう	☆すぐにははやろうとしない子どもは、様子を見て誘ってくる。 ○イチゴのパックから絵の具をしみこませたペーパータオルを入れたものを見せ、着替えをするように促す。 ☆きりのよいところから着替えを済ませ、順番に手足を洗い、保育者の様子を見て、実習生は保育室に戻る。
11:30	給食 ・手足を洗い、ホールで着替えを済ませたら、保育室に戻る ・エプロンを持って来て、着席につけてもらう	☆テラスの外の足洗い場に、着替えを入れたものを見るように伝える。 ○模造紙の端をビニールテープに固定する。 ○たらいのなかに雑巾に絵の具をしみませたものを入れる。 ○足洗いタオルを準備しておく。 ☆着替えが進まない子どもに声をかけ、少しでも食べられるように伝える。 ☆おしまりを配り、エプロンを外す。 ☆食事をして、実服が持われた子どもには着替えをするように起こす。
12:15	排泄 ・フォークを使って自分で食べる ・こぼしたり、落としたりする子どもがいる	☆食事が進まない子どもに声をかけ、少しでも食べられるように促す。 ☆おしまりを配り、エプロンを外す。
12:30	午睡 ・絵本を見る ・自分の布団に入る	☆安心して入眠できるようにする。 ☆子どもの様子に注意する。
15:00	目覚め	☆目が覚めた子どもから排泄を促す。 ☆なかなか起きない子どもに声をかけながら起こす。
15:30	おやつを食べる ・いただきますをしておやつを食べる ・お迎えまで、自分の好きな遊びをして待つ	☆おやつを食べる ☆お迎えが来るまで、子どもと一緒に遊ぶ。
16:30	降園準備・順次降園	☆降園準備に必要な接助をする。 ☆保護者と挨拶をして見送る。

環境構成図：
・ビニールシートは上からガムテープを貼り、すべらないように固定する。
・テラスの足洗い場に、足を洗えるように備し、足拭きタオルを準備しておく。
・手足スタンプをしたくないという子どももいるため、手だけでもできることを伝える。

（ホール：テラス／模造紙）

ロッカー　机　机　マット　布団

図7-3　2歳児クラスの指導計画（原案）

出所：筆者作成。

20XX年9月13日（金）の指導計画案　　　　こあら組（2歳児）　　　　男児　10名　　女児　8名　　　　実習生名：○○○○　担当保育士名：△△△△

時間	予想される子どもの活動	環境構成（○印）・実習生の援助的活動
9：00	順次登園する ・遊んだものの片付け、手洗いをする ・おやつを食べる	☆子どもの姿が見えたら、「○○ちゃんおはよう」と挨拶をし、笑顔で迎え、顔色や表情を注意して見る。 保育室のなかに入る前に、足と手でスタンプしたものを貼って子どもに興味をもったことを伝える。☆スタンプに興味をもった子どもに、後で遊ぶことを伝える。
		【足形スタンプの準備（ホール）】 ○ビニールシートは上から布の上にガムテープを貼り、すべらないように固定する。☆イチゴパック ○模造紙を4枚ずつ貼り合わせたものを3セット用意しておく。○赤、青、黄、緑の絵の具を水で溶き、適当な濃さにし、それぞれ別に ○まど、○ペーパータオルに絵の具をしみこませて、皿入れ料理をセット 【手形スタンプ遊びの準備（テラス）】トしておく。☆足拭き ○足拭きタオル　○ぬらいタオル　○画用紙
9：20	おやつの片付け、手洗いをする ・おやつをもらいに行く	☆おしまいをして、手洗いをする。 ☆アレルギーのあるお子さんに注意して配る。
9：50	スタンプ遊びについての話をする 排泄をする ・自分で着替えようとしない子どもがいる（K男 J子） ・自分の限りで着替えてしまう子どもがいる 着替えを済ませるのまでのホールに集まる 手足スタンプをする	☆自分でできるところは自分で行えるように声をかける。 ☆着替えが進んだら着替え袋に入れるのを見せ、手伝いができるようにする。 ○ビニールシートの周りに座るように声をかける。 ☆足拭きタオルを準備しておく。
10：50	絵本を見る ・すぐに絵の具を付けようとする子どももいる ・やろうとしない子どもがいる 手洗いをし、ホールで着替えを保育室に戻る 食事の準備を保育室でしてもらう	☆すぐに絵の具を付けようとする子どもは、様子を見て誘ってみる。○イチオボックンおいてくたらいに絵の具を入れておきまって絵の具の色が混ざってきたらとり替える。☆手洗いをし、着替えをする。 ☆実習生も、一緒に手洗いをしながら、きれいになったか確認する。☆保育者と交代し、実習生は保育室に戻る。
11：30	給食 ・フォークを使って自分で食べる ・こぼしたり、落としたりする子どもがいる ・食事が進まない子どもがいる	☆いただきますの挨拶をし、子どもたちと一緒に楽しく食べる。 ☆食事が進まない子どもに声をかける。少しでも食べるように促す。 ☆楽しい雰囲気のなかで食事ができるようにする。
12：15	排泄	☆目の前めてない子どもから排泄を促す。 ☆立ったらない子どもには、何度も声をかけながら起こす。
12：30	午睡 ・なかなか眠れない子どもがいる	☆安心して入眠できるようにする。 ☆子どもの様子に注意する。
15：00	目覚め ・なかなか起きない子どもがいる ・着替えをする	☆目が覚めた子どもから起き、着替えをする。 ☆おしまいの準備をする。
15：30	おやつを持って来て、子どもと食べる お迎えを待つ	☆いただきますをして、子どもたちとおやつを食べる。 ☆お迎えが来るまで、子どもの好きな遊びをして待つ。 ☆お迎えが来るまで、子どもと一緒に遊ぶ。
16：30	降園準備・順次降園	☆降園準備に必要な援助をする。 ☆一人一人に挨拶をして見送る。

【ねらい】
○遊びを通して自分の身体で感触を楽しむ。
○保育者や友達と遊ぶ楽しさを味わう。
○子どもたちの楽しさに共感しながら関わる。

【内容】
○絵の具や水を使って遊ぶ。
・友達や保育者と遊ぶおもしろさや楽しさを共有する。
・着替えや片付けなど、何でも自分でやりたいという気持ちを尊重しながら援助を行う。

[子どもの姿]
・日々の生活を通して、生活習慣が身について
いる。
・園庭では、水を使った遊びをする子どもが多い。
砂場での水遊びをしたり、たらいを使って色水遊び
をしている。
・プリンのカップやペットボトルに水を入れること
を楽しむ子どもも多い。
・室内でもスタンプに水を入れて遊ぶ姿も見ら
れる。
・室内では、ミニカーを走らせて遊んだり、人形や
ぬいぐるみをあやしたりして遊んでいる。
・絵の具や水を使うことについて、興味をもつ子
どもがいるなど、友達同士のやりとりが見
られる。
・保育者と読んだ絵本を持って来て、自分でペー
ジをめくったり、実習生に読んでもらったりして楽
しむ姿が見られる。
・着替えや片付けなど、何でも自分でやりたい気持
ちを重視しながら援助する姿もみられる。

[反省と評価]

【保育室内の遊びの準備】
○ブロック
ブロックの箱を出し、いくつか組み合
わせたものを並べておく。
○まどこと
○粘土
粘土が適当な固さになっているか確認
し、丸めたり等を作っておく。
○ストロー落とし
ストローが折れていたりしないかチェッ
クし、ペットボトルを出しておく。

給食の準備をしている
間に、保育者にお願い
し、押した手や足のスタ
ンプのいくつかを切り
取ったらを出したらロッカー
の上の壁面に戻ってい
たら。

図7-4　2歳児クラスの指導計画（修正案）

出所：筆者作成。

123

Book Guide

・大豆生田啓友・おおえだけいこ『日本が誇る！ ていねいな保育——０・１・２歳児クラスの
　現場から』小学館，2019年。
　具体的な保育実践例をもとに，０，１，２歳児の保育に特化して，「基本」，「生活」，「遊び」，
　それらを「支える活動」についてわかりやすく解説しています。実習での子どもとの関わり，
　保育を学ぶポイントに活かせます。
・無藤隆・大豆生田啓友（編著）『０・１・２歳児子どもの姿ベースの指導計画』フレーベル館，
　2019年。
　「子どもの姿ベース」に保育を楽しくするための指導計画作成のポイントがまとまっています。
　０・１・２歳児の月の指導計画のポイントや記録のあり方を，実際の保育実践をもとに解説し
　ています。みなさんが実習に行く時期の各年齢の保育の参考になると思います。

Exercise

1. ０歳児，１歳児，２歳児クラスでの指導計画を立案してみましょう。その後，グループに分か
　れ，それぞれの年齢に適した生活の流れや環境構成について討議しましょう。
2. ３歳未満児の保育をビデオ等で見て，遊びや活動のねらいや，保育者の子どもへの関わりの意
　図を考えてみましょう。どこからそれが読み取れるのか，話し合ってみましょう。

第 8 章

施設での実習の実際

保育者の膝のなかで，落ち着いた雰囲気で絵本を読んでもらっています。
家庭以外の場所で過ごす子どもたちが，こうして落ち着いて過ごせる雰囲
気があるということはとても大切なことです。
現在，子どもや家庭を取り巻く社会的な問題は多岐にわたります。実際に
保育者に求められることも多様化しています。このような現状を踏まえる
と，あなたは保育者としてどのような学びが必要だと思いますか？

保育や福祉の学びは，相手の立場に立って物事を考え，多様な考え
や生き方を認めていくことが原点であると言えます。具体的には，そ
れぞれにさまざまな状況があっても，だれもが幸せに暮らすことを支
える取り組みであると言えるでしょう。ですから保育実習では，保育
所以外の児童福祉施設や障害児・障害者の施設での実習で学ぶことが
大切なのです。きっとみなさんは，保育所や幼稚園以上に福祉施設と
の関わりが薄く，施設の実態を知らないために実習がイメージしにく
いのではないかと思います。だからこそ，あなたの価値観や考え方を
変える出会いが待っているとも言えます。この章では，保育実習Ⅰ
（施設）と保育実習Ⅲについて，実習の概要や実習先の特徴や内容な
どを詳しく学びます。事前学習で理解を深め，意欲的に実習に臨める
ようにしましょう。

1　保育実習における「施設」での実習の概要

❶ 保育実習なのになぜ「施設」なの？

これから学ぶみなさんにとって「施設」とは，どんなイメージでしょうか。何らかの理由によって子どもが親と離れて入所し生活をする場所，または障害があるためにやむを得ず行く場所，という認識かもしれませんね。どちらにしろ「保育」とは少し違う印象を受けているかと思います。

さて，ではなぜ施設で学ばなければいけないのでしょうか。

保育士は「社会福祉の専門職」のひとつです。さまざまな社会福祉の専門職が活躍するなかで，「児童福祉施設」という「（原則として）子どものための施設」においては，保育士の配置が義務づけられている場合がほとんどで，「施設保育士」と呼ばれています。保育士は活躍できる職場が多いことも大きな特徴のひとつです。つまり保育士資格は子どもの施設においてオールマイティな資格と言えるのです。そのためには「知らない」，「わからない」では済まされません。

施設では子ども一人一人に向き合いゆったり関われるので，個々の育ちにしっかりと寄り添うことができて，集団の育ちとはまた違ったおもしろさを発見することでしょう。筆者自身も，実は障害のある子どもと関わったことで改めて発達の順序性を理解できたこと，子どもの育ちを丁寧にみていくことで，障害だけでなく個の理解が深まりそれぞれの成長に大人との関わりが重要であることに気づけたことなどを含め，魅力的で個性的な子どもの姿にすっかり興味をもってはまってしまったひとりです。また幼稚園，保育所では生活の基盤は家庭ですが，その「家」の役割に取って代わる生活全般を担う施設職員の仕事も，施設によってかなり異なり興味深いものだと思います。

それらのことを知らずにうっかり仕事に就くことにならないように，しっかりと学んでほしいと思います。

今まで関わった学生のなかで，幼稚園の先生しか考えていなかったという学生や，子どもが好きで保育所就職を目指してきたけれど学ぶうちに少しだけ不安を抱えてしまった学生が，「このような施設があることを知らなかった」「子どもとしっかり向き合える仕事」と考え，施設就職に切り替えて意欲をもって仕事に励み，リーダー的存在になっている例も多く知っています。

　将来公務員を目指す場合，また施設を多くもっている「社会福祉法人」などに就職を考えている場合，保育士として就職しても，保育所ばかりでなく，保育士資格で働けるさまざまな施設に配属されることもあります。実際に保育所で働いていても何年か経てば異動先として障害児・者の施設などになることもあります。その時には必ず「施設実習を経験しておいてよかった」と思う日が来るでしょう。

❷ 保育実習Ⅰ（必修）と保育実習Ⅲ（選択必修）

➡1　保育実習Ⅰ，Ⅱ，Ⅲに関しては，第1章の表1-1を参照してください。

　保育士資格取得のための実習には，保育所等で行う「保育所実習」と，保育所以外の児童福祉施設や社会福祉施設で行う「施設実習」があります。必修である「保育実習Ⅰ」は，4単位あるうちの2単位が保育所等，残りの2単位は施設等で実習を行います。選択必修（2単位）の「保育実習Ⅱ」と「保育実習Ⅲ」は，どちらかを選ぶことになります。「保育実習Ⅱ」を選択した場合は保育所で，「保育実習Ⅲ」を選択した場合は施設で実習を行うことになります。必修である保育実習Ⅰで2回，選択必修でさらにもう1回の，全3回の実習を行います。選択でⅢを選んだ場合には，保育実習Ⅰ（保育所）＋保育実習Ⅰ（施設）＋保育実習Ⅲ（施設）という実習になり，施設における実習を2回経験することになります。

　3回目となる選択必修に関しては，養成校によってそれぞれルールを設けている場合もありますが，自由に選択できるのであれば最後の実習になりますので，自分の将来を考えて希望職種を経験できることが望ましいと思います。もし希望に沿わなかったとしても，どの実習先であっても保育士としての必要不可欠な経験ができる，より実践的で重要な実習になります。実習の集大成と考えて，より積極的に実習に取り組むことが求められます。

❸ 実習施設はどのように選ぶのか

　実習に行く前は，実態がわからないためにどんな実習をするのか
イメージしにくく不安が先立ってしまいなんとなく消極的に構えて
いませんか？「楽なとこがいい……」と思う人もいるでしょう。

　もちろん，希望しても養成校側で実習先を決定する場合も多いの
で希望通りにはいきませんが，本人の適性を全く考慮せずに決める
ことはほとんどないでしょう。特に施設実習において，同じ施設で
はほとんどの場合1回しか経験できない実習なので，どうしても行
きたい理由と意思を実習担当者に伝えることも大事なことだと思い
ます。またそれとは別に，実習担当教員がこの学生にはここで経験
してほしい，と学生の希望ではなくても配属することもあります。
教育的配慮として，なんらかの根拠をもってその学生を選んでいる
のです。それもなぜか聞いてみるとよいかもしれません。ぜひ悔い
のない，経験してよかったと思える実習にしてほしいと思います。

　自分がどのような子どもに興味があって，どんなことが得意なの
かよく考えてみましょう。たとえば，自分自身が家庭的な困難に向
き合ってみたいと考えるならば，乳児院や児童養護施設でぜひ実習
してほしいと思います。また障害に興味のある人は障害児施設の実
習を希望してはどうでしょうか。どちらにしろやってみたいと思う
モチベーションのある施設で実習をしてほしいと思います。

　ただ選ぶ時の留意点を1点あげるとすると，実習施設の役割の違
いからくる実習形態の違いです。そこで生活をしている児・者のた
めの居住の場である入所型と，幼稚園や保育所のように通って利用
する通所型があることです。それぞれの施設の特徴を，表8-1に
まとめました。自分の行きたい施設，または配属された施設の形態
と主な対象児・者は誰なのかを把握しておきましょう。事前に施設
のことをよく知り理解しておくことが，不安のない望ましい実習へ
の近道になることと思われます。

　また，実習生にとってどの実習が宿泊なのか通勤で行うのか，実
習方法の違いもしっかりと理解しておきましょう（表8-2）。

表8-1 実習施設の主な対象者の利用の仕方

主な対象児・者	入所（居住）型施設	通所型施設
児童全般	—	児童厚生施設
養護を要する乳児	乳児院	—
養護を要する児童	児童養護施設	—
支援を要する母子	母子生活支援施設	—
一時保護を要する児童	児童相談所一時保護所	—
自立支援を要する児童	児童自立支援施設	→ 同施設※1
社会適応困難な児童	児童心理治療施設	→ 同施設※2
障害児	福祉型障害児入所施設※3	福祉型児童発達支援センター
障害児	医療型障害児入所施設※4	医療型児童発達支援センター
障害者	障害者支援施設	指定障害福祉サービス事業所

※1・2：主に入所のための施設ですが，通所の機能も持っている施設です。
※3・4：障害児のための入所施設ですが，「加齢児（すでに児童の年齢を超えている者）」がいる
　　　場合もあります。
➡注：対象の詳細は第3節に示してあります。詳しくはそちらを見てください。
➡出所：筆者作成。

表8-2 実習施設の形態から見る学生の実習方法の違い

	入所（居住）型施設	通所型施設
対象者から見た施設	「入所」して家に代わり生活を営む場	療育，治療，または作業のために，家から通って利用する
学生の実習方法	宿泊：施設によっては通勤も可能な場合もある	実習は通勤のみ
	宿泊不可：通いによる実習のみ（実習生のための宿泊設備がない，などの理由）	

➡出所：筆者作成。

Work 1 ✏️　保育所 vs 施設

　保育士は「保育の専門家」でもあるけれど，実は「児童福祉の専門家」でもあります。どういうことなのか，その意味を考えながら，保育所保育士と施設保育士の違いについて，また共通点について話し合ってみましょう。

2　施設における実習の目的と心構え

❶ 事前学習は丁寧に

　さて，実習先が決まったら自分の実習施設がどんなところなのか，

わかる範囲で調べておきましょう。

　保育所とは違い，それぞれ目的の違う施設ですので，まず施設種別を確認し，誰のためのどのような施設なのかを理解することが大事です。実習担当教員や実習経験のある先輩などに話を聞くことはとても大切です。同じ施設種別であっても，それぞれ規模や設置者の違いがあったり，理念や特色の違い，また職員の支援方法の違いがあったりとそれぞれ違います。そうなると印象が全く違ってくるので，十分に対応するためには事前にしっかりと準備をしておく必要があります。

❷ 施設での実習の目的

　幅広い児童福祉施設，またはもっと大きな枠組みの社会福祉施設における実習で，何を学べばよいのでしょうか。

　保育士とは，児童福祉法第18条の4によれば「専門的知識及び技術をもって，児童の保育及び児童の保護者に対する保育に関する指導を行うことを業とする者」とあるように，乳幼児だけでなく児童までを対象とする資格です。すなわち，人が生まれてからさまざまな発達的変化をしながら成人に向けて完成していく，この時期の子どもの支援のすべてを担うことができる専門職です。それぞれの生活背景や置かれた環境を含め，個々の発達特性，年齢などを理解したうえで一人一人の状況に応じた関わりや支援について学ぶことによって，子どもの理解，施設の理解が深まります。施設の子どもの現状を把握することで，将来の自立に向けての課題もみつけることができるでしょうし，成人の現在の状態を知ることから，さかのぼって考えれば，児童期のいつ頃に何を身につけることが望ましいかなどを推測し，現在において必要な支援が何であるのかを考えることができるのではないでしょうか。

　さらに，保育士の役割について学ぶと同時に，施設においてはさまざまな専門職と関わる場面に出会うことになります。施設種別ごとに必要とされているそれぞれの専門職との連携によって支援が充実し，改めて保育士の専門性について理解が深まっていくでしょう。その結果，子どもは保育士が一人で支えるのではなく，多くの専門職との連携で成り立つものであること，支援のためのチームの一員であることにも気づくことができるでしょう。

どの実習施設種別であっても共通する実習課題は次の3点です。

①利用児・者の理解

どのような課題を抱えた人が利用しているのかという背景はもちろんですが，実際に施設において一人一人と関わりながら個の特性を理解し，適切な関わり方や支援の方法を学びましょう。

②施設の理解

施設種別ごとに，利用児・者の年齢や特性が違います。また施設が入所か通所かなどの違いもあります。この施設の特徴と設置の目的について，事前に学習したことを検証できる実践の場です。

さらに施設が担う，地域や家族にとっての役割についても学んでほしいと思います。

③職務理解

施設種別によって，同じ施設保育士とはいえ仕事内容には共通点と相違点があります。それぞれの施設の特徴に着目しながら，仕事内容について，整理してみましょう。保育所保育士と異なる点に着目して「施設保育士の専門性」について学ぶことで，より理解が深まります。

❸ 実習生に求められること

まず，「守秘義務」について考えましょう。

保育所においても同様ですが，対人援助職ですので個人情報に対する守秘義務，すなわちプライバシーに関することには十分な配慮を心掛けてください。特に施設は，一人一人が課題を抱えているために利用しているのです。実習内で知り得た情報は，実習施設以外また実習終了後などにおいても，絶対に口外してはいけないということを再認識してください。実習が進むと，よい意味で慣れてきて気持ちが緩んできますが，この点だけは最後まで気を引き締めて守ってください。

次に，「実習意欲」について考えましょう。

保育所に行くと，子どもの方から近づいてきてくれたり一緒に遊んだりと，少々実習に対して消極的な実習生であっても子どもと関わる時間をもつことが当たり前のようにあるのではないでしょうか。

しかし施設の実習では，たとえば肢体不自由や重度心身障害のある子どもや利用者は，なかなか相手側から関わってくることはでき

ません。あるいは，児童養護施設に入所している子どものなかには思春期の時期などに差し掛かっていると，わざと話もしない，無視する，などという行動に出るかもしれません。

コミュニケーションが取りにくいから，しゃべらないから，また相手が拒否するから，と言って関わろうとしない姿勢では，ますます相手との距離または壁ができてしまいます。必要以上に話しかけたり気に入られようとする態度で接する必要はないのですが，こちらからの働きかけがないのはいかがでしょうか。一人一人と丁寧に関わろうとする姿勢をもつこと，そのために相手を理解しようとする意欲と態度が重要です。

3つ目に，「実習態度」について考えましょう。

施設にはさまざまなルールがあります。その施設のルールであって，一般的なルールではないこともよくあります。それに関してはオリエンテーションでも伝えきれていなかったり，わかるだろうと判断していたりする場合もあり，戸惑うかもしれません。わからないことは聞きましょう。困った時，迷った時，悩んだ時には自己判断をしないで職員に質問する，報告することはとても大切です。特に入所施設の場合など，職員は交代勤務なので実習指導は複数の職員が担当します。なるべくその場で聞くように心がけましょう。基本的な事ですが，積極的な「ほう・れん・そう（報告・連絡・相談）」を忘れずに取り組みましょう。将来，実際に就職をした時には主体的な「かく・れん・ぼう（確認・連絡・報告）」ができるように，今のうちから慣れておくことが肝心です。

4つ目は，「自己管理能力」についてです。

これは当然のことですが，自分自身の健康管理は実習直前だけでなく，日頃から心がけておきましょう。最低2週間前には実習に向けて規則正しい生活を始めるようにしてください。施設での実習は，夏休みや冬休みに行う場合も多く，夏は熱中症，冬はインフルエンザなどの感染症と，最も体調を崩しやすい時期と重なり，健康に自信がある人でも体調維持が難しい上に，精神的にも普段以上の緊張感のために不安定になりやすい状態と思われます。毎日の積み重ねである体づくりは，少なくとも数か月前から行っておくことをお勧めします。

最後に，「前向きで積極的な姿勢」についてです。

何事もポジティブシンキングで捉える姿勢が大事です。実際に，

同じ施設に実習に行っても担当者の違い，また実習生の受け止め方の違いによって，「とてもよかった」「辛かった」などと両極端の評価になることがあります。また，忠告や助言を受けても，実習をよりよくするための言葉と受け止めるのか，単に否定され叱られたと思うのかによって，実習が積極的と褒められるのか，消極的になってしまい行動をすべてマイナスに受け止められてしまう，などちょっとしたことで評価が変わってしまいます。

どんな実習においても，何事も前向きに捉え，注意はよりよくなるためのアドバイス，と捉えられるようにしておきましょう。

Episode 1　不安が「自信」に

　児童養護施設の実習が中盤の時期に，実習指導の先生の訪問があり，顔を見たらホッとして少し涙ぐんでしまい，先生に驚かれました。先生は，実習先の指導者からとてもよく評価されていて，実習生として大変ふさわしい人物と褒められた直後だったために，どうしたの？　と不思議そうでした。「笑顔は忘れないように気をつけているけれど，職員さんの言うことは聞いても私の言うことは聞いてくれないので，どうしていいかわからなくて自信がなくなったところ，いつもの先生に会えた安心感から緊張の糸が切れて……」と伝えました。先生から，職員さんとはしっかり信頼関係ができているけれど，2週間ほどでいなくなるあなたには認めてもらいたい気持ちも大きいし，何より甘えられる相手と思われたのでは？　ちょっと頼りにできると思ってもらえるようないい関係なのね，などと言われ，そう考えればいいのかと大きな不安が小さな自信に代わり，明日からも頑張ろうと思い直すことができました。

3　社会的養護に重点を置いた施設

　施設にはそれぞれさまざまな特色があり，それぞれの課題に応じて利用しています。その施設の目的は法律によって定められています。主には児童福祉法や障害者総合支援法が根拠となっています。

　この節では公的な責任として社会的に養護を行うことが求められる各施設についての理解と，それぞれの違いによる実習内容や実習生の学びについてまとめてあります。

表8-3　乳児院の1日の流れ（例）

6：30～7：00	起床	14：30	おやつ・離乳食
8：00	朝食	15：00	入浴
9：00	離乳食	16：00	遊び
10：00	おやつ・遊び（散歩，外気浴含む）	17：00	夕食
		18：00	遊び
11：30	昼食，着替え	19：00～20：30	就寝（低月齢児より順次）
12：00	午睡		

➡注：年齢や個々の発達状況に応じて生活の流れは変わります。
➡出所：筆者作成。

❶ 乳児院

① 施設の目的

　「乳児院は，乳児（保健上，安定した生活環境の確保その他の理由により特に必要のある場合には，幼児を含む。）を入院させて，これを養育し，あわせて退院した者について相談その他の援助を行うことを目的とする施設」（児童福祉法第37条）

② 施設の特徴

　目的にあるように，乳児院は乳児，すなわち生後5日目くらいから本来は1歳までの施設ですが，およそ3歳までの乳幼児を対象とした入所施設です。子どもの事情や施設の設備によっては3歳以上から就学前までの幼児も入所可能となっています。

　乳児院は，全国に140か所あり，約2706人の乳幼児が生活しています。その調査によれば，そのうち0歳児が3割弱，1歳児が3割5分，2歳児が2割5分，3歳以上が1割強という比率になっています。

　乳児院に入所している子どもの入所理由は，いくつかの課題が重なっている場合が多く見られ，近年その課題が複雑化しています。入所の主な理由としては，具体的には親の病気（近年は母親の精神疾患による入所が増加），障害，虐待（放任・怠惰，養育拒否を含む），疾病による入院，経済的な理由などがあり，これらは保護者自身の問題のみならず，子どもがおかれている生活状況や生活環境によるところが大きく，単純に子どもを受け入れるだけでなく保護者を支援していくことが大切な役割となります。

　また乳児院では退所後に家庭復帰できるように親子関係の再構築，

➡2　厚生労働省子ども家庭局家庭福祉課「社会的養育の推進に向けて」2019年。

→3　里親とは，施設養護
と並んで，社会的養護の一
形態であり，家庭養護と言
われています。里親には養
育里親，専門里親，養子縁
組里親，親族里親がありま
す。

→4　ファミリーホームと
は，2008年の児童福祉法改
正で小規模住宅型児童養育
事業として実施されたもの
です。2012年3月に厚生労
働省から「里親及びファミ
リーホーム養育指針」が出
され，ファミリーホームは
人数が6人までの，規模が
大きくなった里親，という
位置づけが明確になりまし
た。

→5　2011年から「児童福
祉施設最低基準」という名
称を「児童福祉施設の設備
及び運営に関する基準」に
変更し，より質の高い保育
環境を目指すことが望まれ
るようになりました。

家族関係の調整などの保護者支援に取り組んでいます。しかし，引
き取りが困難な場合には里親やファミリーホームへの移行を優先的
に考え，児童養護施設への措置変更の場合であっても，できる限り
小規模で家庭的な養育環境（小規模グループケアやグループホーム）
を整えられるように考えていくことも大変重要であり，それに対応
できる専門職員も必要になります。

　児童養護施設との大きな違いは，保育士等の職員以外に医師また
は嘱託医，看護師が配置され医療的なケアに対応できることです。
また乳幼児の発達特性に合わせて，専門職員が24時間の養育にあた
り，養育者との間に愛着関係を形成することが重要です。

　2011年の児童福祉施設最低基準の改正により，まだ十分とは言え
ませんが，担当養育制をとることが可能になり，子どもが安心して
生活できるようになってきています。

③ 実習内容

　乳児院に入所している子どもは，入所前の養育環境の影響や発達
状況，また年齢の低さなどによって，うまく自己表現ができない，
コミュニケーション手段が未熟あるいは未発達，と言うことができ
ます。そのような子どもに対して今何が必要か，何を要求している
のかなど，まわりの大人が理解して寄り添い，安心感を与えられる
ように配慮することや，心の安定を図るために特定の人との愛着形
成が構築できるように支援することが大切です。

　実習においては，1日の流れを早く理解することが大事です。児
童養護施設と違い，年齢が低いのでまだ集団における保育を経験す
る前の子どもたちがほとんどで，施設のなかでゆったりと生活をし
ています。したがって実習内容は，具体的には排泄介助（オムツ交
換），授乳，着替えなど子どもと直接関わり対応することが中心に
なります。一方で，食事の準備や清掃など居心地の良い環境を整え
ることも，心身ともに安心・安全な生活のために大変重要です。ま
た衛生面に配慮した実習を行うためには，自分自身の清潔感はどう
でしょうか。まずは第一歩として，援助行動の前には必ず手洗いを
することを心掛けましょう。

　乳児は自分の意思を伝えることが十分にできないのが当たり前と
考えて，実習生であっても子どもをよく観て一人一人の些細な体調
や表情の変化に気づけるようになることが大切です。

表8-4 児童養護施設の１日の流れ（例）

6：30	起床	15：30	おやつ・宿題
7：00	朝食	16：00	自由時間
7：30〜8：00	登校	18：00	中高校生 帰宅，夕食
9：00	幼稚園等の登園	19：00	学習など
10：00	未就園児の保育	20：00	入浴・幼児就寝
12：00	昼食	21：00	小学生就寝
13：00	午睡	22：00	中高校生就寝
14：00〜15：00	幼児・小学生 帰宅		

出所：筆者作成。

❷ 児童養護施設

① 施設の目的

「児童養護施設は，保護者のない児童（乳児を除く。ただし，安定した生活環境の確保その他の理由により特に必要のある場合には，乳児を含む。以下この条において同じ。），虐待されている児童その他環境上養護を要する児童を入所させて，これを養護し，あわせて退所した者に対する相談その他の自立のための援助を行うことを目的とする施設」（児童福祉法第41条）

② 施設の特徴

目的にある通り，児童養護施設は養護を必要とする子どものための施設です。

児童養護施設は，全国に605所の施設があり，２万5282人の乳幼児および児童が入所しています。[6]

原則としておおむね２歳から18歳の要保護児童が生活しています。今までは「乳児を除く」でしたが，事情によっては乳児も入所可能になりました。また，児童養護施設等に入所していた子どもについて，退所後の自立が難しい社会状況をふまえて2017年４月より，就職や進学を条件にせずに，それぞれの子どもの状況に応じて22歳になる年度末まで住居や生活費を提供する総合的な支援が行われるようになりました。2013年の調査結果によれば，年齢が０〜２歳未満は全体の0.1％，また18歳以上は全体の5.4％の子どもが生活しています。[7]

主な入所理由は，社会情勢や経済状況の変化，地域や家庭の養育力の低下などによるものが目立ちますが，前述の調査結果から見る

[6] 厚生労働省子ども家庭局家庭福祉課「社会的養育の推進に向けて」2019年。

[7] 厚生労働省雇用機会均等・児童家庭局「児童養護施設入所児童等調査結果（2013年２月１日現在）」2015年。

と父または母，あるいは双方からの虐待（放任・怠惰，虐待・酷使，棄児，養育拒否）が37.9％，父または母の精神疾患が12.3％，児童の監護困難が3.8％となっています。

　児童相談所における児童虐待に関する相談件数は，児童虐待防止法施行前の1999年度に比べ2017年度には約11.5倍に増加しています。この結果からもわかるように，近年は被虐待児が増加し入所児全体の約４割に達している反面，両親の離婚による入所は10年間で6.5％から2.9％と半分以下に減少していることが特徴と言えます。[8]

　また，障害のある子どもが1998年には10.3％であったのに対し，2013年には28.5％に増加しています。[9] 15年間で全体の１割程度から約３割の児童に障害が認められるようになり，このことは職員が発達に関する特別な支援のための専門的な知識や技能を身につけることが求められるようになったことを示しています。それに従い，専門職同士の連携も欠かせないために，施設内連携だけでなく地域や他施設，学校などとの複数の人と関わりながら支えていく，チームにおける支援力も大変重要になっているのが今日の児童養護施設の特徴とも言えます。

③ 実習内容
　児童養護施設は，子どもにとって「生活の場」です。職員は子どもに「安心・安全」の場の提供ができるように，「直接的な支援」だけでなく，「間接的な支援」についても十分な配慮をしています。実習生はそのどちらも学ぶ必要があります。

　まず，直接的な関わりには，子どもの身の回りの世話をする，一緒に遊ぶ，言葉かけ，会話する，行動をともにする，などがあります。その直接子どもに関わる時の支援を行うことを「直接的な支援」とすれば，「間接的な支援」とは，洗濯した衣類をたたんでしまう，居室の掃除をするなど，子どもの身の回りの整理をすることや，食べる時間に合わせた食事の支度など，気持ちよく生活できるように整えることなど，生活環境整備をすることと捉えることができます。

　そのどちらも同時に，あるいはバランスよく行えるように努めましょう。

　また，実習内容ということではありませんが，気をつけるべき心構えとして次の点に留意してください。

　子どもにとって少し年上のおにいさん，おねえさんである実習生の姿勢や態度は，子どもたちのちょうどよいモデルとなります。どんなに関わり方が上手でも，朝の挨拶もしない，ゴミが落ちていても拾わない，また乱暴な言葉を使うなど，真似をされては困る行動はふさわしくありません。子どもがそのまま模倣して，社会に出て役に立つ姿勢を示すことも大切です。

④ 一日の流れの違いを知る

　児童養護施設の 1 日は，ほとんどの子どもが幼稚園や保育所，または学校に通っています。そのために通園・通学の時期と長期の休み期間では 1 日の流れが違います。

　したがって，日中子どもがいる時といない時では実習の仕方にも違いがあります。早番，日勤，遅番以外に，日中に長い休憩時間を取る断続勤務（例：6:30〜9:00，休憩，15:30〜21:00）や，夜勤，宿直などがあり，朝夕および夜の子どもの生活を支える勤務体制が整えられています。

　また，夏休みや春休みには子どもが 1 日を通して施設で生活をするため，施設内で宿題をしたり遊んだり，また図書館や買い物などの外出にも一緒に行くことも経験することでしょう。

　各施設によってそれぞれ生活の仕方も色々と違いがあります。オリエンテーションの時になるべく詳しく聞いて，どのような活動があるのか，生活の流れにおける留意点は何か，などについても聞いておくと安心できます。

❸ 母子生活支援施設

① 施設の目的

　「配偶者のない女子又はこれに準ずる事情にある女子及びその者の監護すべき児童を入所させて，これらの者を保護するとともに，これらの者の自立の促進のためにその生活を支援し，あわせて退所した者について相談その他の援助を行うことを目的とする施設」
（児童福祉法第38条）

② 施設の特徴

　母子生活支援施設は，全国に227か所あり，3789世帯（児童6346

表8-5 母子生活支援施設の1日の流れ（例）

時刻	内容	時刻	内容
7：00	起床/子どもの登園・登校 母親出勤/補助保育	13：00	事務作業/保育
9：00	朝礼	15：00	園児の帰宅/小中学生帰宅/学習指導/遊び
9：30	保育/施設内の掃除等	18：00	高校生帰宅/保護者帰宅・支援/補助保育/片付け
11：00	事務作業/保育	19：00	宿直職員への引継ぎ/保育室の片付け/清掃
12：00	昼食/休憩	21：00	施設内巡回

➡出所：筆者作成。

➡10 同前掲➡6。

➡11 厚生労働省子ども家庭局家庭福祉課「社会的養育の推進に向けて」2019年。

➡12 2004年の「児童虐待の防止等に関する法律」の改正により，子どもの目前でのDVも児童虐待（心理的虐待）に当たることが明確化されました（法務省人権擁護局企画，全国人権擁護委員連合会監修「ドメスティック・バイオレンス」2017年）。この「面前DV」とは，子どもの目前で，配偶者だけでなくその他の家族などに対し暴力をふるう行為も含みます（厚生労働省「子ども虐待対応の手引き」2013年）。

➡13 厚生労働省雇用機会均等・児童家庭局家庭福祉課「第1回児童養護施設等の社会的養護の課題に関する検討会資料 1 - 6 -（1）『母子生活支援施設の現状と課題』」2011年。

人）が生活しています。児童福祉施設のなかでは唯一母子が一緒に生活をする施設です。その役割は目的に示されている通り，保護，自立支援，退所後の相談その他の援助の3点です。またそれ以外にも，「配偶者からの暴力の防止及び被害者の保護等に関する法律（DV防止法）第3条」に定めているように，被害者を一時保護する委託施設としての役割を担う場としても機能しています。

入所理由の最も多いものは「配偶者からの暴力（DV：ドメスティック・バイオレンス）」です。2016年の調査結果によれば，全入所世帯数の半数以上の世帯がDVを理由に入所しています。そのために，多くの母子生活支援施設では建物に施設種別や名称などを明確に示さない，警備員を配置する，オートロックなどで外部からの侵入を制限するなどさまざまな工夫をしています。また，DVは母親だけでなく直接暴力を受けなかった子どもにも「面前DV」と言われる児童虐待のなかの心理的虐待に当たる影響を及ぼします。

それ以外の入所理由は，住まいの問題，就労を含め経済的な理由によるもの，母親の精神障害や発達障害，外国籍の母子など，困難な課題を抱えている母子の入所が増えています。母自身が未婚であったり外国籍であったり，障害があったりすることによって，生活自体，また家事全般に支援が必要となります。

このように母子生活支援施設においては，世帯の生活能力の問題が，母親だけでなく子どもの生活習慣の獲得や心の安定などにも支援を必要としているのがわかります。

現在の母と子どもの双方に寄り添いながら，将来独立して自分たちの生活ができるように自立に向けて努力するために職員が支援する，幅広い役割を担っている場であることが特徴と言えます。

③ 実習内容

　母子生活支援施設では，世帯ごとに独立して生活しています。そのため，1日の流れはそれぞれ異なります。おおむね，保育所や学校に通う子どもがいますので，通園や登校時間に合わせて生活をする必要があり，母の就労状況によっても1日の流れが変わってきます。

　その生活のなかにおいて母親と関わる相談などの業務は，母親が帰宅してから職員が夜間に行うことがほとんどです。実習生は，各世帯の生活に直接関わることはほとんどなく，日中の早い時間に園児や未就学児の保育，午後になると下校後の学童保育などが実習の中心になります。中学生の宿題を子どもと一緒になって解くことがあるかもしれません。

　また，日中の時間には，住まいの共有スペースなどの掃除や片付けなども行います。気持ちよく生活するためには，共有スペースがいつも綺麗に整理されていることが大切です。生活の共有部分で気になったこと，気がつくことがあれば，職員に積極的に聞いてみてもよいでしょう。

　くどいようですが，第2節で述べた守秘義務に関しては特に最善の注意を払ってください。DVの夫から身を隠している利用者も少なくありません。利用者のほとんどが日中仕事に出て行きます。つまり，接触する機会は作ろうと思えばできる環境にあるのです。利用者のみならず子どもの名前なども決して口外することのないようにしましょう。

❹ 児童厚生施設

① 施設の目的

　「児童厚生施設は，児童遊園，児童館等児童に健全な遊びを与えて，その健康を増進し，又は情操をゆたかにすることを目的とする」（児童福祉法第40条）

② 施設の特徴

　児童厚生施設のなかでも，実習を行う施設は主に児童館です。ここでは児童館について説明します。

　児童館は，小型児童館・児童センター・大型児童館（A型・B

表8-6 児童厚生施設の1日の流れ（例）

9：00	親子のひろば（自由に遊ぶ） （親子での自由参加）	13：00	遊びのつどい （親子で自由参加）
10：00	親子のつどい（活動の提供あり） （親子での自由参加）	14：00〜 18：00	自由遊び （主に下校後の子ども対象）
12：00	ランチタイム	〜18：00	子どもたち帰宅

▶出所：筆者作成。

14　厚生労働省「平成29年社会福祉施設等調査の概況」2018年。

型）・その他の児童館に分かれています。活動中の施設は全国に小型児童館は2680か所，児童センターは1725か所，大型児童館（A型）は17か所，大型児童館B型は4か所あります。[14]

それぞれ遊びを通じて子どもたちに集団的・個別的な指導を行います。また地域子育て支援拠点事業も実施されるようになり，子育て家庭の相談，子育て支援の役割なども担うようになりました。

対象は，すべての子ども（18歳未満）ですが，最近では子育て支援の場として活用されるようになり，親子で利用するケースも増えてきました。特に午前中は未就学児に対するプログラム等を行うようになっています。

午後からは就学児，主に小学生が放課後に利用するようになります。中学生，高校生も利用できるのは規模の大きい児童館（大型児童センター，大型児童館等）になります。

③ 実習内容

児童厚生施設で働く職員は，児童厚生員になります。児童厚生員は「児童福祉施設の設備及び運営に関する基準」第38条において「児童の遊びを指導する者」とされ，遊びを通じて子どもたちと関わり指導することになります（児童厚生員とは，保育士をはじめ社会福祉士，幼稚園，小学校，中学校など教諭となる資格を有する者など，児童厚生施設の設置者が認めた者となっています）。

児童館の実習では，まず午前中に乳幼児の親子のための子育てプログラムや親子の交流の場など，子育て支援の活動があります。その活動に参加して，どのような活動が誰のために行われているのか，また参加者との関わり方などを学びましょう。

午後になると，主に小学生が放課後の時間帯に利用します。それぞれの規模に応じて，さまざまな遊びが展開されるなか，職員は子どもの遊びを見守ることが重要な役割になります。子どもに安全で健全な遊びの場所を提供し，健康増進や遊びを指導することが求め

られます。一人一人に配慮しながらも子ども同士をつなぎ，仲間作りやルールのある遊びの楽しさを共有することができるように見守ります。時にはぶつかり合うこともあるので間に入って気持ちの代弁をすることもあります。

　参加する子どもたちの様子をよく見て，遊びに参加しながらそれぞれの年齢に応じた遊びの様子や援助について学びましょう。

　実習前の準備として，集団遊びやゲームについての知識を得ておくことや，子育て支援の場では部分実習をすることもあるので手遊びなどいくつかはできるようにしておくことも忘れないようにしましょう。

❺ 児童相談所一時保護施設（一時保護所）

① 施設の目的

　「児童相談所長は，必要があると認めるときは，第26条第1項の措置を採るに至るまで，児童の安全を迅速に確保し適切な保護を図るため，又は児童の心身の状況，その置かれている環境その他の状況を把握するため，児童の一時保護を行い，又は適当な者に委託して，当該一時保護を行わせることができる」(児童福祉法第33条)

　「一時保護は，子どもの安全の迅速な確保，適切な保護を行い，子どもの心身の状況，置かれている環境などの状況を把握するために行うものであり，虐待を受けた子どもや非行の子ども，養護を必要とする子ども等の最善の利益を守るために行われるものである」(一時保護ガイドライン[15])

② 施設の特徴

　児童相談所の一時保護所は，24時間365日，休むことがありません。子どもの身に安全が確保されないと判断した場合，一時保護所の所長判断によって子どもを保護者から分離し一時保護することができます。特に，児童虐待防止対策の強化に向けた対応に関して，2018年に「児童相談所運営指針」の一時保護に関する内容について改正し，「一時保護ガイドライン」が定められました。

　今までは一時保護の機能として①緊急保護，②行動観察，③短期入所指導の3点であったのに対し，2018年改正の児童相談所運営指針により①緊急保護[16]，②アセスメント[17]の2点とし，そのアセスメン

[15]　厚生労働省子ども家庭局長通知「児童相談所運営指針別添『一時保護ガイドライン』」2018年。

[16]　これは主に置き去られた子どもなどの棄児，あるいは家出など，保護する必要のある場合，また虐待などの理由により家庭から引き離す必要がある場合や，子どもの行動が人に危害を加える恐れがある場合なども含みます。

[17]　子どもの適切かつ具体的な援助指針（方針）を定めるために，一時保護所の生活のなかで実施する行動特徴の観察等（行動観察）を含む総合的なアセスメントを行う必要がある場合です。緊急保護と並行して行われる場合と，家庭環境や児童福祉施設等における養育環境から離れた環境のもとで行う場合に分けられます。

➡18 子どものニーズに応じた行動上の問題や精神的な課題を軽減・改善するために，短期間の心理療法やカウンセリング，生活面の改善に向けた支援等が最善，あるいは他の方法が困難と考えられる場合に，短期入所指導を行う場合があります。

トの延長線上に短期入所指導があると考えるようになりました。アセスメントには「行動観察」を含み，より総合的な判断を行うようになりました。

③ 実習内容

　一時保護所は，子どもを一時的（およそ2か月以内）に保護するための，あくまでも短期間の入所を想定している通過施設です。

　子どもが保護されて入所するのですが，ほかの子どもたちがいる集団にいきなり参加することになります。当然，精神的にも不安定な状態であることは明らかです。そのため，極端に甘えてきたり，反対に試し行動（反抗的，挑戦的な行動も含め）が激しかったりすることもあります。

　そのような子どもたちだからこそ，「安心・安全」に過ごせる環境になるような配慮が必要です。実習生でも言葉遣い，態度には十分に気をつけて，子どもたちのモデルになれる姿勢を常に意識してください。挑戦的な態度にも冷静に対応できるように心がけましょう。子どもたちは一人一人事情が違っても，保護されなければならない重大な理由を抱えていることを忘れずに，笑顔で関わりましょう。

❻ 児童自立支援施設

① 施設の目的

　「不良行為をなし，又はなすおそれのある児童及び家庭環境その他の環境上の理由により生活指導等を要する児童を入所させ，又は保護者の下から通わせて，個々の児童の状況に応じて必要な指導を行い，その自立を支援し，あわせて退所した者について相談その他の援助を行うことを目的とする施設」（児童福祉法第44条）

② 施設の特徴

　児童自立支援施設は，現在，全国で58か所の施設があり，1309人の子どもが入所しています。男女比は男子が約7割，女子は約3割と，男子が圧倒的に多いこともこの施設の特徴です。

　従来，万引きや窃盗などの不良行為を行うような非行行動のある子どもの施設でしたが，1997年の児童福祉法改正により，対象は

➡19 厚生労働省子ども家庭局家庭福祉課「社会的養育の推進に向けて」2019年。

「家庭環境その他の環境上の理由により生活指導等を要する児童」が加わり，その入所児の約 6 割が虐待された経験のある子どもです。さらにそのなかのおよそ 6 割が「身体的虐待」を経験しているという結果は，児童養護施設の約 4 割という数字と比べても高い割合で家族から暴力を受けていることがわかります。さらに，最近の傾向として，約半数近くの子どもに発達障害など何らかの障害が認められるようになっています。[20]

▶20　厚生労働省雇用機会均等・児童家庭局「児童養護施設入所児童等調査結果（2013 年 2 月 1 日現在）」2015 年。

③ 実習内容

　この施設に入所してくる子どもたちは，生活リズムが乱れている場合が多く，まずは規則正しい生活を身につけることが不可欠です。

　実習生が関わるのは学校等から帰宅後の，子どもたちの生活に関わる時間が中心になります。子どもと一緒に食事の準備や片付けを行ったり，自由時間に子どもと一緒にスポーツや室内遊びをしたりと，同じように行動することが多いため，実習生が子どもたちのモデルになれるように行動することも求められます。

　また，さまざまな課題のある家庭や育ちを抱えた子どもたちですので，集団生活のなかで試し行動を繰り返したり，感情のコントロールがうまくいかずパニックを起こしたりと，対応に苦慮することに直面するかも知れません。子どもの気持ちに寄り添うことは大事ですが子どもの言動に過剰に反応したり動揺したりしないように自分自身が感情的にならないよう冷静さと平常心を保ち，かつ柔軟に受け止める気持ちで対応できるように心がけましょう。

❼ 児童心理治療施設[21]

① 施設の目的

▶21　2016年の児童福祉法改正により「情緒障害児短期治療施設」から名称変更しました。

　「家庭環境，学校における交友関係その他の環境上の理由により社会生活への適応が困難となった児童を，短期間，入所させ，又は保護者の下から通わせて，社会生活に適応するために必要な心理に関する治療及び生活指導を主として行い，あわせて退所した者について相談その他の援助を行うことを目的とする」（児童福祉法第43条の 2）

→22　厚生労働省子ども家庭局家庭福祉課「社会的養育の推進に向けて」2019年。

→23　厚生労働省雇用機会均等・児童家庭局「児童養護施設入所児童等調査結果（2013年2月1日現在）」2015年。

→24　同前掲→23。

→25　「総合環境療法」とは，子どもに関わる職員全体が協力し子どもの治療目標を達成できるよう本人や家族を援助していくものです（厚生労働省「児童養護施設等の社会的養護の課題に関する検討委員会　第1回」2011年）。

② 施設の特徴

　児童心理治療施設は，現在全国に46か所あり，1280人の子どもが入所しています。[22]この施設は，心理的・精神的な問題があり日常生活のさまざまな場面で生きづらさを抱えた子どもたちが，自分自身の課題に向き合い解決するために，医療的な観点から生活支援を基盤とした心理治療を行う施設です。入所児は被虐待児が7割を超えていて，さらに神経発達障害のある子どもが半数を超え，障害全てを含めると7割を超えています。[23]

　施設内に置かれた分級などの学校教育とも連携を図り，また家族への支援も行いながら総合的な治療・支援を行っています。約2年（在所期間平均2.1年）で半数以上の子どもが退所し，[24]家庭復帰へ，または里親や児童養護施設での養育へとつなぐ役割も担っています。

③ 実習内容

　児童心理治療施設における実践は，医師をはじめとする専門職員が連携して行う「総合環境療法」[25]と呼ばれているもので，治療，教育，生活を総合的に捉え施設全体が治療の場でありすべての活動が治療であるというものです。心理治療に関しては医師（精神科・小児科），看護師，心理療法担当職員，生活支援は保育士，児童指導員，教育に関しては施設内分級教員などがそれぞれの指導にあたります。

　一見元気な子どもたちでも，刺激が多いと混乱したり，些細なことで不安になったり気分が一変したりと，対応に戸惑います。職員の行動や支援をよく見て，落ち着いて過ごせるような工夫や配慮について学ぶことが大事です。環境を整える，つまり整理や掃除などは積極的に行うように心がけましょう。生活支援のために，どのような工夫があるのかについてさまざまな立場にある専門職員から助言を聞くことができるよい機会です。

Work 2　🖊　専門職って？

　各施設には，それぞれの役割にともなって多くの専門職員が利用児・者を支えています。
　自分が実習する施設にはどのような専門職員がいるのでしょうか。それぞれの職務・役割について調べ，グループ内で発表してみましょう。

4　障害児・者のための施設

　この節では，障害のある子どもや大人が利用できる施設について学びたいと思います。障害に対する支援が中心だからといって，社会的養護はあまり関係ない，ということではありません。もちろん養護が第一に重要で，それに加えて自立に向けて，職員は障害の特性の理解やそれぞれに適した多様な支援の仕方について身につけておくことが求められる場です。さらに施設の形態も入所だけでなく通所によるものがあり，どちらも利用児・者にとっては重要な意味をもつものです。これらの施設は，目的がそれぞれ違い，それによって内容や特徴が異なります。それらについて，誰のための，何のための施設であるのかを実習前に理解しておくことによって，実習がより充実したものになると思います。第3節と同様に，実習内容や学ぶべきことについてもまとめてありますので，確認しておきましょう。

❶ 福祉型障害児入所施設

① 施設の目的
　障害児を入所させて「保護，日常生活の指導及び独立自活に必要な知識技能の付与」などの支援を行うことを目的とする（児童福祉法第42条）

② 施設の特徴
　障害はあるけれど，毎日の生活において医療的な支援を必要としない子どものための施設になります。2012年の児童福祉法改正によって，障害種別に分けるのではなく医療行為の有無によって分けられるようになりました。主に知的障害児施設，自閉症児施設，盲ろうあ施設，肢体不自由児療護施設等から再編された施設です。
　利用児童数は6774人，施設数は263施設になります。[26]
　入所の対象は，身体障害，知的障害，精神障害，発達障害のある児童になりますが，継続的な入所支援が必要と判断された場合，18

➡26　厚生労働省「平成29年社会福祉施設等調査の概況」2018年。

147

表8-7　福祉型障害児入所施設の1日の流れ（例）

6：30	起床/排泄/洗顔/着替え	13：00	[小中学生] 授業
7：00	朝食		[未就学児] 保育・療育活動
7：30	歯磨き/排泄	15：00	おやつ/自由時間/入浴
8：00	[小中学生] 登校・授業	18：00	夕食
	[未就学児] 保育・療育活動	19：00	自由時間/余暇活動
12：00	昼食		学習活動/就寝準備
		20：00	[～小学生] 就寝
		22：00	[中学生～] 就寝

➡出所：筆者作成。

歳を超えても20歳まで期間延長を許可されることがあります。

　また，入所には契約と措置，という2種類の入所方法があります。

　措置入所は，児童養護施設などと同様に，保護者の疾患や虐待などから子どもの人権を擁護するため，行政によって入所が適切と判断された場合に行う手続きになります。

　一方，契約入所は，暴力が激しくその行動が家族の手に負えないなど，家庭における養育が困難になった保護者からの申し出によって行われる場合です。

　2017年の日本知的障害者福祉協会児童発達支部会による159施設の回答によれば，全体の約半数が措置入所であり，そのうち18歳未満の児童の措置率は約6割になります。入所理由として被虐待児と保護者の養育力不足を足すと約7割となり，かなり高い比率になります。[27]この結果から障害の程度が重く，家族がやむを得ず施設入所を選ぶというより，入所する理由は児童養護施設などと同じような状況が増えていることがわかります。

　障害児に関して言えば，心理的虐待やネグレクトは顕在化しにくいという現状から，まだカウントされていない児童の存在にも考慮すべきだと思います。

　実際に入所児の障害の程度はさまざまで，程度が軽い子どもの場合，普通級に在籍し特別な支援を必要としないケースもあります。

③ 実習内容

　まず，実習を行う前に必要な準備として，障害の種類やそれぞれの特徴は把握しておくことは忘れないようにしましょう。発達障害だけでなく，肢体不自由なども学んでおく必要があります。

　そして，施設の特徴から，まず考えなければならないことは子どもたちが安心して過ごせる環境を整えることです。そのために就学

➡27　日本知的障害者福祉協会児童発達支部会「平成29年度全国知的障害児入所施設実態調査報告」2018年。

前までの乳幼児期には基本的な生活習慣の獲得を，児童〜青年期には自立に向けての生活支援を行うように配慮することを心がけます。

日中に関しては，平日は幼稚園や保育所，あるいは学校に通っていますので，その間に片付けや掃除など，生活環境を整える作業をします。通園，通学のない週末や日曜日には，室内外における遊びを一緒にしたり，子どもとともに買い物や散歩に出かけたりします。

生活習慣は，食事，入浴，学齢期の宿題などを含め規則正しく行うことによって一人一人が生活技能を獲得できるように，また自己管理能力も身につけられるように主体性を大切にして支援を行っていきます。

入所施設においては職員もさまざまな勤務体制になりますので，毎日同じ担当者と関われるわけではありません。わからないこと，疑問に思ったことは積極的に質問し，理解したことを実習日誌に記録する習慣を身につけましょう。それをみれば，実習生が前日何を学んだのか，次の担当者にも伝わります。

実習日誌は，自分の記憶のためだけではなく，ほかの人に伝達する手段であることも実習中に学べます。

Work 3 🖊 入所 vs 通所

障害児が施設に入所する意味を考えてみましょう。なぜ通所施設ではないのか，それぞれ具体的にどのような意味があるのか，保護者と利用児それぞれの立場に立って考えてみましょう。

❷ 医療型障害児入所施設

① 施設の目的

障害児を入所させて「保護，日常生活の指導，独立自活に必要な知識技能の付与及び治療」などの支援を行うことを目的とする（波線は筆者による）（児童福祉法第42条）

② 施設の特徴

目的を見るとわかるように，福祉型と医療型の違いは「治療」を行うか行わないかという点にあります。

表8-8　医療型障害児入所施設の１日の流れ（例）

時刻	内容	時刻	内容
6：30	起床/排泄/洗顔/着替え（介助）	13：00	[小中学生] 授業
7：00	朝食（食事介助）		[未就学児] 保育・療育活動・訓練
7：30	歯磨き/排泄（排泄介助）	15：00	おやつ/自由時間/入浴（入浴介助
8：00	[小中学生] 登校・授業		/個別訓練）
	[未就学児] 保育 療育活動・訓練	18：00	夕食（食事介助）
12：00	昼食（食事介助）	19：00	自由時間/余暇活動
			学習活動/就寝準備
		20：00	[～小学生] 就寝
		22：00	[中学生～] 就寝

➡️出所：筆者作成。

➡️28　厚生労働省「平成29年社会福祉施設等調査の概況」2018年。

医療型施設は，現在全国に212施設，7432人が入所しています。[28]

　特徴は，福祉型と重なる部分がかなりたくさんありますが，治療，看護，排泄，入浴，投薬，または医療的な見守りを要する食事（摂食）などの点において医学的支援が欠かせないことです。従って，医者をはじめ看護師，機能訓練やリハビリのスタッフなど，さまざまな医療関係の専門職が働いています。

　そのなかで保育士は，子どもたちの障害の様子や必要とする医療的ケアを理解しながら，安全面に配慮し整えられた環境のなかで関わることになります。また，大きな変化のない生活の毎日が当たり前にならないように，五感刺激を主体とするリラクゼーションが行われている場合もあります。[29]

➡️29　ヨーロッパから取り入られた「スヌーズレン」はその代表的なもので，五感刺激を楽しめる場所（部屋）を用意して，リラクゼーション活動を行うものです。

③ 実習内容

　実際にいきなり医療的ケアを要する子どもと接することになると，経験がなくてどうしたらよいのかわからないと不安になることもあります。そのうえ職員同士の会話を聞いて専門的な言葉が使われ，たとえば気管切開やサチュレーションなど，何を言っているのかわからないことから，不安がさらに募ります。また「ベッドからの移乗」といわれ，耳から聞いて日誌に「ベッドからの移動」や「異常」と書いてしまうなどのミスもよくある話です。今まで使うことのなかった専門用語を知らないことは恥ずかしいと思わずに，できる限り知らないまま放置せずにちゃんと聞いておきましょう。医療ケアのスタッフ，またその他の専門職のスタッフとの連携がなければ成り立たない支援が，この施設の特色とも言えます。せっかくのチャンスを逃さないようにして覚えられることは積極的に獲得していきましょう。[30][31]

➡️30　肺に空気を送ったり痰を吸引したりしやすくするために気管に孔（あな）をあけることを言います。

➡️31　「動脈血酸素飽和度」のことです。それを測る機械（パルスオキシメータ）を指して呼ぶこともあります。動脈血酸素飽和度とは，血中の酸素と融合したヘモグロビンの量をパーセントで示したものです。

　そして，医療的ケアが必要な子どもを相手にするのですから，特に衛生面に関しては他の実習の種別以上に細かい配慮が必要です。ついうっかり，が命取りになることもあります。自分の身を守る上でも必要になります。またその他にも，命を守るために車椅子のブレーキのかけ忘れなどには細心の注意を払ってください。

　子どもたちのなかには，発声発話が難しい子もいます。体に麻痺があって反応がうまくできない子もいます。そのような場合のコミュニケーション手段に困ることがあります。相手が静かだとこちらも静かになって，何も話しかけない，という関わりになるのではなく，適度な声の高さと量を考えて，積極的に話しかけるようにしましょう。ただし麻痺のある子に近距離からいきなり大声で話しかけたら驚いてしまうので気をつけてください。反応の弱い，またはほとんど反応をしない子どもの小さな変化に気づけるように，細やかな配慮ができるようになることを目指して実習に取り組んでほしいと思います。

　また医療型施設では，日誌を実習当日の時間内に書いてその日のうちに提出を求めるところがあります。個人情報を持ち出さないための配慮です。おおむね30分〜1時間程度で書くように言われ，途方にくれている学生もいます。そうならないように，日頃から要点をまとめて書く，メモを素早くとるなどの習慣を身につけておいてください。

❸ 福祉型児童発達支援センター

① 施設の目的

　障害児を日々保護者の下から通わせて，「日常生活における基本的動作の指導，独立自活に必要な知識技能の付与又は集団生活への適応のための訓練」などの支援を提供することを目的とする（児童福祉法第43条）

② 施設の特徴

　発達支援センターは，福祉型・医療型ともに日常生活が豊かになるよう，自立に向けて支援を行っています。生活リズムを整える，基本的な生活習慣を獲得する，小集団のなかで社会性を身につける，またさまざまなコミュニケーション手段を獲得する，など一人一人

表8-9　福祉型児童発達支援センターの1日の流れ（例）

8：30	療育の準備：職員間の打ち合わせ	12：40	はみがき/休息
9：30	登園	13：00	着替え
10：30	自由遊び	13：30	帰りのあつまり
	朝のあつまり：あいさつ，呼名，手遊び，予定の確認など	14：00	降園
10：50	プログラム：素材遊び，制作，音楽・運動遊び，感覚遊び，集団遊び，園庭遊び，プールなど	15：00	ケースに応じて個別面談や個別訓練
11：40	休息		
12：00	給食		

➡注：午後，午睡を取り入れている施設もあります（その場合，降園は15：00～）。
➡出所：筆者作成。

➡32　厚生労働省「平成29年社会福祉施設等調査の概況」2018年。

➡33　日本知的障害者福祉協会児童発達支部会「平成26年度全国児童発達支援センター実態調査報告」2015年，及び同支部会「平成29年度全国児童発達支援センター実態調査報告」2018年との比較によります。

の障害や特徴に合わせて社会のルールに従い適応力を身につけていく場として機能しています。また発達支援センターに通う子どもは，基本的には保護者と共に暮らしていることから，子どもへの発達支援と同様に，子どもを育てる保護者に対する働きかけ（助言・指導）も重要な目的のひとつになります。

　福祉型発達支援センターは医療型の5倍以上の528施設があり，2万7460人が利用しています[32]。2015年と2017年の調査を比較すると，設置主体は都道府県・市町村が民間（主に社会福祉法人）の約1.7倍であったのに対し2017年には民間が増加し都道府県・市町村を超えて設置されています[33]。

　利用する子どもは，主に知的障害や発達障害などがあり，年齢は主に就学前までが中心となります。そのためグループの活動は主に就学前の子どもに対するもので，センターの小集団を経験してから幼稚園・保育所等の集団に移る場合や，センターと併用する場合もあり，またそのまま就学を迎える場合など，それぞれ進路先もそれぞれ異なります。今だけでなく先を見通した支援のためにも，センターにおける保護者への相談業務は重要な役割を果たしています。

③　実習内容

　医療型もほとんど同じですが6～9人程度で1クラスという小集団で行われます。子ども一人一人の発達段階や障害特性に応じた課題をふまえてプログラムが設定され，子ども同士がお互いを意識しながら楽しい雰囲気のなかで活動に参加します。まず，個々の状態を把握することを心がけてください（生活習慣の獲得の状態など）。

　福祉型においてはコミュニケーション手段やソーシャルスキルの

表 8 -10　医療型児童発達支援センターの 1 日の流れ（例）

時刻	内容	時刻	内容
8：30	療育の準備	12：40	はみがき/休息
9：30	登園/健康状態のチェック（検温など）	13：00	着替え/排泄　介助
		13：30	帰りのあつまり
10：30	朝のあつまり：あいさつ，呼名，手遊び，予定の確認など	14：00	降園
10：50	プログラム：素材遊び，制作，音楽・運動遊び，感覚遊び，集団遊び，園庭遊び，プールなど	15：00	ケースに応じて個別面談や個別訓練
11：40	休息		
12：00	給食（食事介助・摂食指導等）		

➡注：午後，午睡を取り入れている施設もあります（その場合，降園は15：00〜）。
➡出所：筆者作成。

➡34　自閉スペクトラム症の子どもに対して行われる，TEACCH プログラムを代表とする「構造化アプローチ」は，時間や空間，手順などを視覚的にわかりやすく示すことで理解を促す手法のことを言います。

　また，言語発達の遅れがある場合の関わり方として子ども主導で行う「インリアルアプローチ」などがあります。

獲得を目指す子どもが多いことから，わかりやすい提示方法，答えやすく達成感がもてる課題の工夫がなされ，そのためにさまざまな手法[34]が取り入れられ実践されています。実習生はゆっくりわかりやすく，短いフレーズで話しかけることや，ジェスチャーやカードなどの非言語によるコミュニケーションツールにも関心をもって丁寧な関わりができるように心がけましょう。ついルールに従ってほしくて，かける言葉が注意ばかりになりがちですので気をつけましょう。そして，子どもの気持ちを代弁する言葉かけも大切です。わかった，わかってもらえた，という成功経験からよい関係が築けるようになります。また排泄や着替えなど，一人一人の生活習慣がどこまで身についているのかも職員に確認しておき，できることは子ども自身で，できそうなことは励ましてみたり一緒にやってみるなど，子どもに達成感・充実感が得られるような関わり方ができるように配慮してみましょう。

❹ 医療型児童発達支援センター

① 施設の目的

　障害児を日々保護者の下から通わせて，「日常生活における基本的動作の指導，独立自活に必要な知識技能の付与又は集団生活への適応のための訓練及び治療」などの支援を提供することを目的とする（波線は筆者による）（児童福祉法第43条）

② 施設の特徴

　前述の入所施設と同様に，医療的なケアすなわち「治療」を目的

➡35　厚生労働省「平成29年社会福祉施設等調査の概況」2018年。

のひとつとしているかどうかが福祉型との違いです。看護師，理学療法士などの医療，訓練に携わる職員がいることが特色としてあげられます。医療型は福祉型に比べると大変少なく，そのほとんどが公立で，現在全国に99施設のみ，約2500人が利用しています。➡35

③ 実習内容

　福祉型と同様，6〜9人程度で1クラスという小集団です。子ども一人一人の発達段階や障害特性に応じた課題をふまえてプログラムが設定され，楽しい雰囲気のなかでゆったりと活動が行われます。まずは個々の状態を把握することを心がけてください。

　ここで大切なのは，一人一人の障害特性や状態の把握をしておき，必要な医療行為についても理解するようにしておくことです。勝手な判断で行動することが，もしかしたら生命に関わることにつながりかねません。たとえば，てんかん発作のある子どもの様子を知らなかったので発作に気づかなかった，あるいは小麦粉アレルギーの子どもに小麦粉粘土を持った手のまま洗わずに介助してしまった，などのうっかりは許されません。また脳性麻痺などの介助の仕方なども聞いておきましょう。子どもたちにはこちらからたくさん話しかけ，緊張せず楽しい雰囲気のなかで活動できるように配慮しましょう。不安なまま介助したり，無言でいきなり体に触れたりするのは恐怖心を与えてしまうかもしれないので気をつけてください。

Episode 2 　「障害」という言葉の壁を越えて

　福祉型児童発達支援センターで実習を行うことになった実習生のAさんは，障害のある子どもと接するのははじめてなので，不安を抱えたまま実習を迎えました。実習が始まり，配属されたクラスの子どもたちを見て驚きました。簡単な日常のコミュニケーションは取れていて，幼稚園や保育所の子どもたちとあまり変わらない印象で，なぜここに来ているのか不思議に思うほどでした。子どもたちが帰った後に職員に質問してみると，「4月にはひとりも椅子に座っていられなかったのよ。走り回って落ち着かなかったり，友達を叩いたり，また奇声を発する子どももいて，一人一人の課題が浮き彫りになっていたの。でも毎日繰り返すうちに生活のリズムが整い，1日の流れが予測できるようになったら安心して今のように落ち着いてきたのよ。」という答えがかえって来ました。Aさんは，自分が「障害」を特別視し過ぎてしまい自分が壁を作っていたことに対する反省と，障害のあるなしに関係なく，安心する場の確保と個々に応じた支援による毎日の積み重ねが重要だということに気づくことができました。

❺ 障害者支援施設（入所型）

　障害者のための入所型および通所型の施設があるなかで，実習を行える施設としては「障害者支援施設」と次の「障害福祉サービス事業」の２つの種類になります。

　障害者支援の大きな目的は，どちらも共通しています。

　「障害者及び障害児が基本的人権を享有する個人としての尊厳にふさわしい日常生活又は社会生活を営むことができるよう，必要な障害福祉サービスに係る給付，地域生活支援事業その他の支援を総合的に行い，もって障害者及び障害児の福祉の増進を図る」（障害者の日常生活及び社会生活を総合的に支援するための法律：障害者総合支援法第１条）

① 施設の目的

　「障害者支援施設」とは，障害者の日常生活の支援を行うもので，障害者総合支援法第５条第11項において「施設入所支援を行うとともに，施設入所支援以外の施設障害福祉サービスを行う施設」と規定されています。ここで実習施設の対象となるのはそのなかの「施設入所支援³⁶」です。

② 施設の特徴

　実習対象施設となる「障害福祉サービス」には，共同生活援助，施設入所支援があります。

　「共同生活援助（グループホーム）」は，障害者が地域にある一般のアパートや家を利用して，共同生活のなかで必要な支援を個別に受けることができるものです。現在は徐々に増加し，厚生労働省の調査によればその事業所数は2017年には7590事業所と2014年の約³⁷1.2倍になっています。

　また「独立行政法人国立重度知的障害者総合施設のぞみの園」は，自立のための総合的な支援提供や，支援に関する調査や研究等を行うことを目的とした障害者支援施設です。2017年４月１日現在の入所者は239人（定員230人），入所利用者の平均年齢は65.4歳と高齢化しており，入所年数も約７割が40年を超えています。³⁸

▶36　障害のある人が入所し，生活するなかで入浴，排泄，食事などの介護や相談援助，また日常生活のなかで必要な支援を行い，一人一人の自立の促進や生活改善，身体機能の向上を目的としています。

▶37　厚生労働省「平成29年社会福祉施設等調査の概況」2018年。

▶38　厚生労働省社会・援護局障害保健福祉部「第１回（独）国立のぞみの園のあり方検討会・（独）国立のぞみの園の現状について」2017年。

③ 実習内容

　障害者支援施設は，障害のある人が日常生活を営む場です。毎日を安心・快適に過ごせる「家」としての機能をもっています。

　実際には，日常生活上の支援すなわち食事や着替えなどの生活動作に対する介助や見守り，日中に身体機能・生活能力の向上のために行う仕事（作業や創作などの活動）への取り組みへの支援を行います。

　また家としての施設のなかでも同様に，リラックスできる環境設定はどうしたらよいのか考えてみてください。実習生が緊張して，相手の顔を見ることもできず表情も固いままではくつろげません。かといって目上の方への丁寧な言葉遣いや態度をもって関わることも忘れないでください。

❻ 障害福祉サービス事業所（通所型）

　共通する目的については前節を参照してください。

① 施設の目的

　障害者総合支援法第1条の2に示している通り，「可能な限りその身近な場所において必要な日常生活又は社会生活を営むための支援を受けられることにより社会参加の機会が確保されること及びどこで誰と生活するかについての選択の機会が確保され，地域社会において他の人々と共生することを妨げられないこと」を目的としています。

② 施設の特徴

　「障害福祉サービス事業」のなかの「生活介護」「自立訓練（機能訓練・生活訓練）」「就労移行支援」「就労継続支援」などが実習の対象施設になります。

　「生活介護」は介護を必要としている人が対象になります。また「自立訓練」は主には身体障害のある場合などに対するリハビリを中心とした機能訓練と，主に知的障害や精神障害のある人が自立した日常生活を営むために必要なことを獲得するための生活訓練があります。

　また就労を希望する人に対して，就労への支援を行います。[39]

▶39　就労支援の種類は以下の通りです。
就労移行支援：必要な知識及び能力の向上のために必要な訓練や求職活動に関する支援を行います。
就労支援A型（雇用型）：事業所と雇用契約のある人に対して支援を行います。
就労支援B型（非雇用型）：事情によって雇用が困難な人に対して支援を行います。

③ 実習内容

→40　厚生労働省障害福祉
保健部「障害福祉分野の最
近の動向」2018年。

→41　障害者総合支援法施
行（2013年）により「制度
の谷間」を埋めるべく，難
病患者等も対象になり障害
福祉サービスを受けること
ができるようになりました。

　障害福祉サービス事業所の利用者は，障害者総合支援法により対象が広がり，増加傾向にあります。地域のなかで障害福祉サービスを受ける障害者のなかには精神障害者も多く，また重複している場合や難病の利用者など，その知識がないと戸惑うかもしれません。障害福祉サービス事業所が実習先になった場合には，事前に情報収集をしっかりと行い，オリエンテーション時にも質問するように心がけ，どのような利用者が通っているのかわかる範囲で把握しておき，さまざまな障害について理解してから実習に臨みましょう。

Book Guide

・『施設で育った子どもたちの語り』編集委員会編『施設で育った子どもたちの語り』明石書店，2012年。
　実際に児童虐待などの壮絶な体験を経て，児童養護施設や里親のもとで生活を送った子どもたちの，人との出会いが生きる支えになった話などがまとめられています。
・慎泰俊『ルポ児童相談所──一時保護所から考える子ども支援』筑摩書房，2017年。
　児童相談所の一時保護所は虐待等から子どもを守るためのシェルターのような存在ですが，実態はほとんど知られていません。子どもの困難に向き合いたいと考えている学生には必読の1冊です。
・東田直樹『自閉症の僕が跳びはねる理由』KADOKAWA，2016年。
　会話は上手く成立しないけれど「文字」によって自分のASDの症状がなぜなのかを教えてくれます。保護者や保育者，教育者をはじめ，多くの人がASDを理解するために読んでおいたほうがよい本です。

Exercise

1. 社会的養護を必要とする子どもの入所施設は，定員の見直しや居室の上限人数の改定など，より家庭に近い環境で育てようと取り組んでいます。このことをふまえて，子どもにとって安心・安全の生活を得るための人的環境，物理的環境はどのようにあると望ましいのか考えてみましょう。

2.障害児の入所施設と通所施設の違いに注目し，利用する理由も含め，保護者や本人にとって施設はどのような役割をもつものなのか，グループで話し合ってみましょう。

3.施設保育士の職務は入所児者，利用児者双方とも直接援助だけではありません。それぞれ直接援助以外の間接援助の仕事はどんなことがあるのか，確認してみましょう。

第 9 章

実習を終えてからのステップ

この2人の子どもは部屋の絵本コーナーにあるソファに深々と座り，絵本を一緒に楽しんでいます。あなたはこの2人の子どもが今どのようなことを感じたり，話したりしていると思いますか？

絵本を楽しむ2人の子どもの様子から，どのようなことをしている
のかと考える時，2人の興味・関心，関係性，ここまでのプロセス，
状況など，さまざまな視点から捉えようとしたのではないでしょうか。
実際の実習でも，さまざまな生活場面のなかでの子どもの姿や子ども
同士の関わりなどを理解しようと努めてきたことでしょう。実際に実
践のなかで子どもから学んだこと，保育者から学んだことはどのよう
なことがありましたか。

　実習を終えて，いつもの学生生活に戻ると，徐々に実習の記憶が薄
れてきてしまいます。実習後の手続きを行いながら，改めて学び得た
ことを整理するとよいでしょう。養成校では実習事後指導授業のなか
で，実習を振り返って自己評価を行い，学び得たことの確認やこれか
らの自己課題の抽出をします。また，他の実習先で実習を行った学生
同士や，担当教員との対話を通して，あらためて実習で学び得た保育
の楽しさや奥深さ，保育者として必要な資質・能力について考えます。

　このような省察を通して，あなたの目指す保育者像を確認し，次へ
と学びをつなげていきます。見えなかったことが見えてきたり，でき
なかったことができるようになったりしている自分自身を肯定的に認
めながら，次のステップへ向かいましょう。

　さまざまな期待と不安が交差するなか，緊張しながら臨んだ実習も，最終日を迎える頃には，長期間の実習を乗り越えられた達成感や充実感などを味わっていることと思います。緊張の連続だった実習が無事に終わったことに，ひとまず安心したり，ホッとしたり，そこで自分なりに子どもと関われたことに少し自信をもてたり……。そんな充足感に浸ることも，次のステップへの意欲につながると考えると，とても大切な時間だと思います。

　しかし，実習終了後，その実習で学んだことを，さらに次のステップへ活かしていくためには，もう一度，その「学び」を整理したり，他者と共に振り返ったりすることを通して，自分の次なる「課題」を抽出していくという作業も必要不可欠なものとなります。そのように自分の新たな「課題」を見出し，次のステップに進んでいくためには，実習終了後にどのようなことをしていけばよいのか具体的に学んでいきましょう。

1 実習を終えてからの園との関わり

❶ 実習園への感謝を伝えるお礼状

　たくさんの子どもたちとの出会いや関わりを通して，とても濃密な経験をもつことのできた実習期間を終えて，今，あなたはどのような思いを感じているでしょうか？　毎日，全力で心と身体を動かしながら子どもたちと関わり，疲れきって帰宅した後も，夜遅くまでかかって実習日誌や指導案を書きながら実習期間を乗り切ったという達成感ですか？　それとも，実習期間中を通してさまざまな姿や表情を見せてくれた子どもたちへの懐かしさでしょうか？　きっと，そのような一言では言い表せないさまざまな感情が溢れていることと思います。

　ただし，それらの思いに浸りつつも，決して忘れてはいけないのは，そのような経験ができる場や機会を与えてくださり，日々，あなたのために心を砕き指導にあたってくださった実習園の保育者の方々や，あなたという存在を温かく迎え，受け入れてくれた子ども

拝啓

　秋も深まり、山々の紅葉も美しく色づき始めましたが、園長先生を始め皆様方にはお変わりなくお過ごしでしょうか。

　実習期間中は大変お世話になり、ありがとうございました。先生方には、お忙しい中、いつも温かくこまやかにご指導いただき、本当に感謝いたしております。

　今回の実習では、運動会や祖父母参観など、さまざまな行事へも参加させていただきました。それらの場面を通して、子どもたちの園生活における多様な体験の一部を垣間見ることができ、それらの行事に向けて準備していく過程についても、沢山のことを学ばせていただくことができました。

　また、責任実習に際しては……

（中　略）

　今後は、先生方のように子ども一人一人に即した保育のできる保育者を目指して、精一杯努力していきたいと思います。本当にありがとうございました。心より御礼申し上げます。

敬具

令和○○年○月○日

○○大学　○○○○

○○○○

○○幼稚園園長　○○○○先生

図9-1　お礼状の書き方の例

➡出所：筆者作成。

たちへの感謝の気持ちだと思います。もちろん，実習を終了する際にも，直接お礼を述べて来たことと思いますが，実習が終了した後，その実習を振り返り，実習中に園の保育者からご指導いただいたことや自分にとってかけがえのない経験になったと思うことを書き添えながら，改めて感謝の気持ちをお伝えしましょう。

　お礼状は，実習終了後1～2週間以内（実習日誌を実習先に提出後，その日誌を返却していただきにうかがった日から1～2週間。もし，実習日誌の提出日が実習先にうかがう最終日となり，日誌の返却が郵送になる場合は，日誌を最後に提出した日から1～2週間）を目処にお送りするようにしてください。

　図9-1は，お礼状の書き方の一例ですが，お礼状を書く際の主な留意点としては下記の通りです。

　①感謝の気持ちを自分の言葉で伝えましょう（文例集からそのまま引用したような難しい言葉を使う必要はありません。たとえ拙い表現であっても，実際に自分が感じたことや印象に残っているエピソードなどを入れると誠意が伝わりやすいと思います）。

②お礼状は封書で出すのが基本です。その際，宛名は必ず園長先生宛にします（実習を引き受けてくださった責任者は園長先生です。直接ご指導くださった担当の保育者へも特別にお礼を伝えたい場合は，その手紙を別に書いて同封しましょう）。

③誤字脱字に気をつけ，直筆でていねいに書きましょう。封筒・便箋は色や絵柄などの入っていない白無地のものがよいでしょう。

❷ 実習終了後の実習園との関係

　実習が終了した後も，実習園から行事へのお誘いやボランティアの依頼，研究会への参加の案内などをいただけることがあります。

　行事などは，実習中に子どもたちが一生懸命取り組んでいた成果を改めて見せていただくことができたり，その行事の意味（そこに向けて取り組んできた過程の意味も含めて）について改めて振り返って理解を深めることができますし，ボランティアなども，「実習生」とはまた違った立場で保育にかかわることによって，実習で学んだことを，より発展的に身をもって振り返りながら理解を深めていける大切な機会となります。そのような機会にはぜひ積極的に参加し，いろいろな経験を積み重ねていきたいものです。

　ただし，実習というものは，学校と実習園との関係で引き受けていただいているものですので，実習後に実習園と関わりをもっていく場合は，自分ひとりの判断で進めてしまうのではなく，学校の実習担当教員への相談や報告も忘れないようにしてください。

2　実習日誌の提出と受け取り

❶ 実習日誌の提出方法

　実習中は，毎日，日々の記録のページを提出していたと思います。実習終了後は，それらの既に提出したページすべてを含め，実習の反省や全体を通しての学びを書く欄などをすべて記入し，完成した

記録をまとめて園に提出して見ていただくことが必要になります。

　提出する日時については，実習の最終日までに園の保育者にご相談し決めていただいておきます。実習前の事前打ち合わせにうかがった時と同じように，園のご迷惑にならない時間を設定していただき，失礼のない服装・身だしなみを心がけてうかがうことが必要です。ただし，遠隔地での実習などの場合は，実習日誌を特別に郵送等で提出させていただく場合もありますので，提出の方法については実習園ときちんとお話して確認しておくことが必要でしょう。

❷ 実習日誌の受け取り方法

　提出した日誌を返却していただく際も，その受け取りの日時について事前にご相談しておくことが必要ですので，日誌を提出する際に，忘れずに確認しておきましょう。また，郵送で返却していただくような場合には，実習日誌が入るサイズの返信用の封筒（自分の住所・氏名等を忘れずに書き，返信用切手も貼付したもの）をあらかじめ準備し，日誌と一緒にお渡ししておくなど，実習園側に，余分な手間や負担をかけないための最低限の配慮が必要になります。

　なお，園から返却していただいた実習日誌は，実習をしたという証となる公的な意味合いを帯びた文書であると同時に，自分自身の学びの軌跡を辿ることのできる貴重な資料であり，かけがえのない財産となるものです。保育現場への就職を希望している者にとっては，その採用試験で提示を求められることもありますし，また，何年か先に自分が実習生を指導する立場になった時に，実習生としての学びを振り返る手がかりにもなるものでしょう。そのため，在学中はもちろん，卒業後も丁寧に保管しておきましょう。

3 実習における評価とその活かし方

❶ 実習園からの「実習評価」

　実習日誌と同じように，実習が終わった後に，実習園から戻して

いただくもののひとつに「実習評価」があります。その評価項目や形式，開示のされ方などは学校によってもさまざまですが，みなさんの実習中の姿勢や学びについて実習園の先生方が「評価」をしてくださったものです。

　どの実習においても，それぞれの実習の種類や段階に応じて，実習のねらいと，そこで学ぶことが期待される学習内容（課題）が設けられています。評価の項目や観点は，基本的には，それらのねらいや内容に即して設定されていますので，実習の種類や段階によっても評価項目は異なってきます（図9-2，図9-3参照）。

　これらの評価は，実習において，あなたが実際に子どもとかかわる姿やあなたが書いた日誌，指導案等を日々見てくださっていた実習園の先生方が，あなたの子どもとの関わりや子どもへの理解の仕方，その理解に基づく計画の立案，実践等のさまざまな観点から，それらのどこに課題があるかを評価してくださるものですので，実習後に，自分自身の課題を見出したり，確認していくために，とても貴重な手掛かりとなります。そのため，近年では，実習後の事後指導において，実習園からの評価票を本人へ開示する学校も増えてきています。[1]ただし，成績を開示される場合も，それを受け取る側が，「予想よりも評価が高くて良かった」「思っていたより悪くて嫌になった」などと，単なる評点の高さ・低さに一喜一憂して終わってしまっては，その評価が活かされたとは言えませんし，とてももったいないことです。特に，実習園につけていただく評価は，それぞれの園の評価者によっても評価の基準が異なりますので，評点の高さ・低さを競うことにはあまり意味はありません。それよりも，大切なのは，その評価を通して，自分の課題がどこにあるのかを確認したり，そうした課題の背後にある自らの実習へ臨む姿勢や，子どもとの関わり，保育への参加の仕方などを振り返り，それらを改善したり，より向上していくため何が必要かを考察していくことではないでしょうか。

　また，そのように実習評価を自分自身の振り返りのための「手掛かり（資源）」として，より有効に活用するためには，実習前から，その実習のねらいやそこで期待される学習内容をしっかりと把握し，それらを意識しながら取り組みましょう。そうすることで，より自分の課題が見えてきやすくなります。さらに，実習が終了した後には，実習園からの評価票が届く前に，まずは，その評価票を使って

1　実習園からの評価票を本人へ開示するか否かは，大学の実習指導の方針によっても異なりますが，本人へ開示し，事後の振り返りに活用する場合は，大学は予め実習園へその旨を通知し，承諾を得ておく必要があります。

教育実習 I　実習評価票

○○大学　　○○学科　　　年　　学籍番号　　　　実習生名			
幼稚園名	園長名		印
	指導教員名		印
評 価 項 目	評 価　＊数字を○で囲む	所 見　＊必要に応じて	

評価基準	実習生として 1：非常に努力を要する　2：努力を要する　3：適切である　4：優れている　5：大変優れている		
実習態度	a. 時間やきまりなど，基本的な遵守事項が守られている。	1　2　3　4　5	
	b. 礼儀，言葉遣い，身だしなみ等が実習生として適切である。	1　2　3　4　5	
	c. 協調性をもち，周囲との良好な関係を保てる。	1　2　3　4　5	
実習への意欲	a. 実習に意欲的に取り組む。	1　2　3　4　5	
	b. 健康への配慮，自己管理ができる。	1　2　3　4　5	
	c. 疑問・関心をもつ姿勢があり，進んで指導を受けようと努める。	1　2　3　4　5	
	d. 日々課題意識をもって実習に臨む。	1　2　3　4　5	
子どもとの関わり方・保育に関する理解	a. 積極的に子どもと関わる。	1　2　3　4　5	
	b. 保育の流れを理解し，主体的に保育に参加する。	1　2　3　4　5	
	c. 個々の子どもの行為や関わりに応じた援助を考えようとする姿勢が見られる。	1　2　3　4　5	
	d. 保育者の子どもへの援助や環境構成，職務内容について理解しようとする。	1　2　3　4　5	
実習日誌	a. 文字や文章の記述の仕方が適切である。	1　2　3　4　5	
	b. 子どもの姿や保育者の援助を具体的に捉え，自分なりの考察や学びが適切に書かれている。	1　2　3　4　5	
総 合 評 価		1　2　3　4　5	

実習期間／　　令和　　　年　　　　月　　　　日（　　）～　　　　　月　　　　日（　　）			
出勤日数／　　　　　　日	欠勤日数／　　　　　　日	遅刻／　　　　　　日	早退／　　　　　　日
総合所見			

令和　　年　月　　日　園長名

図9-2　A大学における教育実習 I の評価票例

➡出所：筆者作成。

教育実習Ⅱ　実習評価票

○○大学　　○○学科　　　　年　　学籍番号　　　　　実習生名		
幼稚園名	園長名	印
	指導教員名	印
評　価　項　目	評　価　＊数字を○で囲む	所　見　＊必要に応じて
評価基準　実習生として　1：非常に努力を要する　2：努力を要する　3：適切である　4：優れている　5：大変優れている		

実習態度	a. 時間やきまりなど，基本的な遵守事項が守られている。	1　2　3　4　5	
	b. 実習生としての自覚をもち，誠実な態度で実習に臨んでいる。	1　2　3　4　5	
	c. 協調性をもち，周囲との良好な関係を保てる。	1　2　3　4　5	
実習への意欲	a. 実習に意欲的に取り組む。	1　2　3　4　5	
	b. 健康への配慮，自己管理ができる。	1　2　3　4　5	
	c. 疑問・関心をもつ姿勢があり，進んで指導を受けようと努める。	1　2　3　4　5	
	d. 日々課題意識をもって実習に臨む。	1　2　3　4　5	
子どもとの関わり方・保育に関する理解	a. 保育の流れを理解し，主体的に保育に参加する。	1　2　3　4　5	
	b. 個々の子どもの行為や関わりに応じた援助を考えようとする姿勢が見られる。	1　2　3　4　5	
	c. 子ども同士の関わりや集団に対しての理解を深め，それに対する援助を学ぼうとする姿勢がある。	1　2　3　4　5	
	d. 地域連携や子育て支援等，幼稚園の社会的役割について理解しようとする。	1　2　3　4　5	
責任実習（部分・一日）	a. 子どもの実態に即した指導計画を立案し，教材研究も含め充分な準備をする。	1　2　3　4　5	
	b. 指導計画をもとに，子どもの姿に応じた柔軟な実践ができる。	1　2　3　4　5	
	c. 責任実習後，適切な反省・評価を行う。	1　2　3　4　5	
実習日誌	a. 文字や文章の記述の仕方が適切である。	1　2　3　4　5	
	b. 子どもの姿や保育者の援助を具体的に捉え，自分なりの考察や学びが適切に書かれている。	1　2　3　4　5	
総　合　評　価		1　2　3　4　5	

実習期間／　令和　　　年　　　月　　　日（　　）〜　　　　月　　　日（　　）			
出勤日数／　　　　日	欠勤日数／　　　　日	遅刻／　　　日	早退／　　　日
総合所見			

令和　　年　　月　　日　園長名

図9-3　A大学における教育実習Ⅱの評価票例

➡出所：筆者作成。

自己評価をしてみてもよいでしょう。自分で自分の実習における子どもとの関わりや責任実習への取り組みなどを振り返り，手応えや成果を感じられた部分と課題が残ったと思う点を自分なりに整理しておくことにもなりますし，その自己評価を，後日，実習園の評価と照らし合わせることで，自分で自覚している課題を確認するだけでなく，自分の気づいていなかった（自覚していなかった）課題が改めて浮かび上がってくることにもなるでしょう。

❷ 実習におけるさまざまな「評価」

　実習中にも，あなたの実習への取り組みや，子どもへの理解や関わり，保育への参加などを振り返るための手掛かりとなる「評価」を得たり，それらを自分なりに「評価」する機会は存在しています。
　たとえば，毎日の実習において，幼稚園であれば保育が終わった後に，保育所や施設の場合は午睡や休憩の時間などを使って，実習園の先生とその日の振り返りをする機会が設けられています（場合によっては，必ずしも，毎日，そうした振り返りの時間がいただけないこともありますが，実習の中盤に「中間の振り返り」や実習終盤に「反省会」などを設定していただけることが多いでしょう）。また，部分実習や責任実習を行った場合には，その実践後に，担当の先生と一緒にその日の保育を振り返ることでしょう。そこでは，計画の立案の段階から，あなたの指導計画が子どもの実態に即したものになっていたかや，子どもの興味・関心を捉えたものになっていたか，活動を展開する上での準備は十分であったか，そして実際の保育の展開はどうであったかなどを，一つ一つ丁寧に検討し，今後に向けての課題を見出していく「反省会」が行われることと思います。自分で責任をもって立案・実践を行った後に，自らの実践を振り返り，反省・評価を行うことは，保育者としての成長のために欠かすことができないプロセスとなります。それは自ら振り返る「自己評価」として行うことも重要ですが，実習生の場合は，まだ保育を学び始めたばかりのため，自分の実践を振り返り，反省・評価を行う「自己評価」の仕方（振り返り方）についても，まだよくわからないという人が多いかもしれません。そのため，担当の先生方と反省会をしていただき，自分の実践を一緒に振り返るという作業をしていただくことは，実践というものを，どのように振り返ったり，評価すれ

ばよいのか，その振り返り方そのものを学ぶ機会としても重要な意味があるのです。

　部分実習や責任実習そのものは，自分で責任をもって保育をする初めての経験ですから，なかなか思った通りにはいかず，反省点ばかりが出てくるかもしれません。しかし，その際も，「計画通りに進められたかどうか」を気にするのではなく，その活動のなかで，「一人一人」の子どもたちは何をおもしろがったり楽しんでいたのか，その興味・関心に応じる柔軟な対応ができたか，また，この先，その子どもたちの興味・関心をもとに遊びが発展していくためにはどのような環境構成や関わりをしていくとよいかなど，「子どもの姿」を手掛かりにしながら保育を振り返り，次へと生かしていけるような未来につながる「評価」となることが期待されます。

❸ 実習日誌の「評価」

　実習期間中は，日々の記録（日録）を毎日実習園に提出しているでしょう。実習園では，担当の先生が，日々，その記録（日録）に目を通して，実習生のその日の実習体験がどのようなものであったか，そこでの気づきや学びを読み取り，日々の実習指導に活かしてくださっています。また，実習日誌の該当欄に助言をくださったり，直接，記録にコメントを加筆してくださることで，実習生の気づきや学びの「意味」を見出したり，逆に，実習生が気づけていないこと（課題）を指摘してくださることもあるでしょう。そのように，実習中，日々の評価と指導を重ねていただいた実習日誌は，実習終了後には返却していただき，学校に提出し，学校の担当教員の評価も受けることになります。これらの評価も，❶の「実習園からの『実習評価』」と同じく，単なる評点の高さを気にかけるのではなく，自分自身の振り返りや課題を抽出していくための資源として積極的に活用していくことが求められます。

4 実習の振り返りと自己課題の抽出

❶ 実習を振り返り自らの学びを整理する

　実習中は，毎日，日誌を書きながら，あるいは，子どもたちが帰った後に保育室の清掃や明日の準備をしながら，その日の子どもとの関わりや保育を振り返り，自分のその時の子どもたちへの関わりや理解はどうだったのか，さまざまな場面を思い浮かべながら自分なりの反省を繰り返してきたのではないでしょうか。また，実習が終了する前には，実習期間のまとめとして，実習園での反省会をもっていただき，実習中のあなたの取り組みや子どもとの関わり，部分実習・責任実習の展開等について，実習園の先生方から気づいたことを改めてご指導いただく機会もあったことと思います。そうした反省の日々を終え，実習後に学校に戻ると，安心して思わずホッと一息ついている人もいるかもしれません。しかし，実は，学校に戻ってから，改めて実習を振り返ることも非常に重要な意味をもっているのです。

　実習中は，思わずハッとさせられたような場面や子どもの行為，また，思うように関わりがもてずに悩んでしまった子どもの姿など，日々，さまざまな「出来事」に出会ってきたことと思います。しかし，実習の最中は，無我夢中で，その「出来事」の意味をなかなかじっくりと味わったり，自分なりに心ゆくまで考えてみるということは難しかったのではないでしょうか。実習を終えた今だからこそ，その時には理解できなかった子どもたちの行為の「意味」や，それらに込められた子どもの思い，また，そこで見られた保育者の援助（もしくは自分の関わり）がその子にとってもっていた「意味」などを，少し距離をおいて冷静に振り返ることができたり，改めて考え直してみることが可能になります。

　このように，子どもの姿から，自分のその時の理解や関わりが適切であったのかどうか，またそれがその子にとってどのような「意味」をもっていたのかなど，自己内で「対話」を積み重ねることを，

保育や教育の世界では「省察」と呼んでいます。こうした具体的な場面を通した，より深い「省察」を繰り返していくことこそが，実践の場を通して学ぶ「実習」の大きな意義のひとつであり，保育における自分自身の理解や援助，枠組みを修正したり，新たに生み出していくような保育者としての「学び」につながっていくと考えられます。

❷ 自らの学びを深める協同的な振り返り

「省察」の基本は，自分の実践（あるいは自分の出会った実践）をもとに自分なりに振り返る「自己内対話」にあると思いますが，その「対話」も，完全に自分ひとりきりで閉じた状態で行っていては，なかなか新しい気づきが生まれにくいこともあります。そのような時，自分との「対話」を深めていくための新たな視点や材料を提供してくれるのが，ともに「語り合う」他者の存在です。

学校に戻って，互いの実習体験やそこで学んだこと，反省していることなどを具体的なエピソード記録などをもとに報告し合い，それをもとにお互いの解釈や意見を交わし合うことは，自分のそれまでの見方とは違う，新たな見方との出会いを生み，自分にとっての「見え」の広がりにつながっていきます。実際の他者との「対話」を通して，新しい視点や見方との出会いを積み重ねていくことにより，自分自身の子どもを見る「まなざし」が広がったり，保育者の役割，保育のあり方などについて，より広い視野から考えていくための資源を自分のなかに蓄えたりしていくことが可能になるのです。

ただし，このように他者と協同的に自分の実習を改めて振り返っていく際に気をつけてほしいのは，それらの「対話」は，決して何かの「正解」を導くためにしているわけではないということを了解しておく必要があるという点です。あるエピソードから，「その子どもは○○と思っていたに違いない」「○○だから××したのだ」と断定したり，「そのような場合は△△するべきだ」というような安易な指導法で結論づけられてしまっては，「語り合い」「対話する」ことの意味がなくなります。それぞれの異なる見方や解釈を出し合い，それらが交差し合うことによって，ひとつの「できごと」にも多様な見方や解釈の可能性があることを知り，自分のなかで重層的にものごとをとらえられるようになっていくことこそが，それ

れにとって求められているのです。そのような他者との「対話」によって，自分のなかでの「自己内対話」も，より豊かなものとなっていきます。

❸ 次への課題を抽出する

　他者と「語り合う」過程においては，自分の考えや解釈を相手に理解できるように伝えるために，改めて，自分のなかで，自分の考えや理解したことを整理し，位置づけ直していくという作業が必要になります。そこでは，自分が理解できていることと理解できていないことを改めて峻別したり，自分なりに自分の解釈を再検討してみるということも起こってくるでしょう。

　また，他者と「語り合う」こと自体を通して，自分の気づいていなかったことに気づかされたり，自分自身の見方の癖（傾向）や枠組みを自覚化していくことも可能になります。

　このような協同的な振り返りのプロセスを通して，改めて，自分の「課題」というものが浮かび上がってくると考えられます。実習での「学び」を次に活かしていくためにも，そこから自分なりの「課題」を見出し，それを意識しながら次のステップに臨んでいくことが求められるのではないでしょうか。

Book Guide

- 倉橋惣三『育ての心（上）・（下）（倉橋惣三文庫③・④）』フレーベル館，2008年。
  保育者として，日々，子どもと出会い，子どもの傍らでその育ちを支えていくうえで求められる姿勢や心構えについて，奥深い豊かな表現を通して語られている本です。保育者の専門性の本質やその根源にあるものについて考えさせられます。
- ドナルド・ショーン，佐藤学・秋田喜代美（訳）『専門家の知恵──反省的実践家は行為しながら考える』ゆみる出版，2001年。
  日々の出来事や子どもの姿を通して自らの実践を省察していく「対話」を繰り返しながら反省的実践家として専門性を深めていくプロセスについて考えさせられます。

Exercise

1. 今回の実習における実習園の概要や保育方針，保育の形態，活動の流れ，実習生に求められる態度や実習中に受けた指導内容などについて，周囲の人たちと語り合い，共通する部分や差異について確認し，自分の実習園の保育の特徴や独自性について理解すると同時に，実習生に共通して求められる姿勢やそこでの経験について考えましょう。
2. 数人でグループを組み，今回の実習を通して，それぞれが一番印象に残っている場面を取り上げ，それらの事例をもとにカンファレンスをしてみましょう。

第10章

困った場面での対応 Q & A

　長い保育経験をもつ保育者でも，思いがけないことが起こる子どもの世界に日々驚かされています。実習生は，今までの自分の経験や価値観では，理由や対応がわからず起こっている状況に戸惑ってしまうこともあるでしょう。まわりの人と今までの授業等の保育の学びを通して，自分の価値観が固定化されていたと気づかされたことについて話してみましょう。

長く学校生活を送ってきた皆さんは，知らず知らずのうちに「こうするべき」「こうしてはいけない」という規範意識や価値観ができあがり固定化されていることがあります。自分とは違う発想や価値観に触れた時に，どうふるまえばよいのか戸惑うということは，人として普通の反応でしょう。実習では子どもや利用者など多様な人々との出会いにより，自分とは異なる考えや発想に驚かされ，新たな気づきや新たな価値に出会います。最初は戸惑いを感じられるかもしれませんが，是非多様な価値や多様な援助があることを，実習を通して感じてほしいと思います。

　また，困っている実習生の多くは，他者からの評価を気にしすぎていたり自分への自信のなさが過度にあったりし，ネガティブな思考に陥っているように感じます。この章を通して「漠然とした不安」ではなく，「何が課題なのか」が明確になり，具体的に事前準備に取り組めるようにしていきましょう。

　実習の準備，そして日々の実習を重ねていくと，新しいことを知る楽しさ，子どもとのふれ合いの中でのうれしいことに出会うのはもちろんですが，不安に思うこと，わからないこと，困ったこと，時には失敗をしてしまい落ち込み悩むことなど，さまざまな心の動きに出会うことがあるでしょう。

　これまで経験したことがない「実習」に取り組むのですから，このような複雑な思いになるのは当然のことです。しかし，このような思いにどう向き合うのかにより，そこでの学びは大きく変わってきます。今まで出会ったことのない心の動きを，自分のなかに新しい知識や考えを取り込む機会，自分を成長させる機会とポジティブに考えて，一つ一つに丁寧に向き合うことが大切です。そうすることで実習が最大の学びのチャンスとなり，夢を実現するためのステップとなるのです。

　この章では，先輩の実習生が実習中に出会ったさまざまな心の動きのうち，困った出来事を取り上げ，先輩実習生がそのことにどう取り組んできたのか，そのなかで何を学んだのかを考えてみたいと思います。先輩の学びを参考に自分に合った学び方を探してみましょう。

1 実習の準備でのさまざまな「困ったこと」

Question

　実習を前にして緊張と不安が高まり，どうしてよいかわからなくなってしまいました。できない自分ばかりが気になります。

Answer

　初めてのことに向かい合う時，誰もが期待と不安が入り混じった気持ちになることがあります。いろいろな気持ちがある自分をまず受け止めましょう。そして，安心して前向きに取り組めるように，今，どのような気持ちがあるのかを整理をしてみることが大切です。何を期待しているのか，何が不安なのか，何に悩んでいるのかなど

を書き出し，整理してみましょう。

実習直前に不安を抱えた実習生Kさんは，

①子どもと向き合うために自分が大切にしたいことは何か

②子どもと楽しく向き合うための遊び・教材（手遊びや歌，ゲーム，お話など）はどれくらいあるのか，それを何歳児と楽しめるか

③何を不安に思っているのか

など書き出してみたそうです。するとできない自分もいる半面，いろいろと考えている自分，いろいろなことができる自分がいることにも気づくことができたそうです。そして，できることを確実にして小さなものだけれども自信をもって実習に臨むことができたそうです。

不安や悩みを解消するために，Kさんは自分の心の動きを目に見える形にして対応をしました。そうすることで気持ちも整理ができたのでしょう。その他にも，同時期に実習をする友だちや実習を経験した先輩に自分の気持ちを語ってみることもひとつの方法でしょう。語ることで同じような気持ちでいるのが自分だけでないことがわかり楽になったり，支え合ったり，改めて自分が今取り組むべきことが明確になったりすることでしょう。自分の気持ちを整理するためにも考えるだけでなく，まずは自分で動いてみることが大切でしょう。

Question

実習の事前指導を受け，準備を進めると「何もできない自分が実習に行ってよいのか」「迷惑をかけるだけではないか」と考え，不安で仕方なくなりました。

Answer

実習は学びのひとつの過程として位置づけられています。実習に出る前に，ある学びを修め，最後のまとめとしてある力が習得されたかどうかを確認する場として位置づけられていません。実習では，学内で学んだ知識や技術を実践の場で確認したり，深めたりして，学びの過程にいる自分がさらに何を学ぶのかを明らかにすること，

課題を見つけることが求められています。

　実習生 A さんは，実習の時に自分のできることはしっかりと取り組み，先生方に感謝の気持ちを表さなくてはと，毎日，保育室の掃除や保育者のお手伝いをすることを第一にして実習に臨んだそうです。数日後，担当の保育者から，「あなたの一生懸命な気持ちはわかったわ。でも，実習はお手伝いをする場ではないのよ。子どもに関わって子どもを知ること，保育者の援助を観察して自分の課題を見つけることが大切です。保育の楽しさを知って将来保育者になってくれることが何よりもうれしいことなのよ」という助言をいただいたそうです。未熟な自分が現場で学ばせていただいているのでその場で恩返しをしなくてはならないという気持ちが和らぎ，子どもと保育そのものに向き合えるようになったそうです。

　未熟な自分であるから努力をしなくてよい，実習ではお手伝いや掃除をしなくてはよいということではありません。未熟さ，無力さに敏感になり自信をなくして委縮してしまうのではなく，謙虚な気持ちで実習に臨むことが大切だということをこの例から学ぶことができるでしょう。実習の時に何かをできるようにしなくてはならないのではなく，子どもと保育者に学ぶ努力をし，保育への関心を高め，将来，保育者になる気持ちをもつことが大切です。このような謙虚な姿は人の心を動かすものです。環境の整備は，子どもの育ちを支える保育の専門性となる技術のひとつです。学びのひとつとして誇りをもって謙虚に行いましょう。

2　実習中のさまざまな「出来事」

❶ 実習担当の保育者との関係

> **Question**
>
> 　実習担当の先生，配属されたクラスの先生とコミュニケーションがとりにくいのですがどうしたらよいでしょうか。

　実習という場で人間関係を築くことは，今までのように友達と知り合う，仲よくなるというような方法ではないことがわかっているだけに，緊張したり，動けなくなってしまったりすることがあるでしょう。しかし，あまり考えすぎても解決できません。相手がどのような立場であれ，コミュニケーションの基本は同じです。初めて出会う人とのコミュニケーションを円滑にするためには，まず，自分が心を開き，自分を知ってもらうことから始めることが大切です。節度と誠意をもって関わることで大方の課題はクリアできます。自分のコミュニケーションのとり方を見直してみましょう。

　実習生Ｔさんは，実習先では出すぎた存在になってはいけない，迷惑をかけないように静かにしていなくてはという一心で，実習担当や担任の保育者から話しかけられるのを待っていたそうです。また，声をかけていただいても必要なことだけの会話にとどめていたところ，思いがすれ違い，うまくコミュニケーションがとれなくなり，新しい不安を抱えることになってしまったそうです。

　人間関係を円滑にするためには双方の努力が必要です。実習生であるあなたは相手に何かを求めていませんか。まず，自分自身が笑顔をもって，明るく挨拶をすることができているか，自分の身だしなみや立ち振る舞いが学ぶ者としてきちんとできているかを見直してみましょう。自分の気持ちは表情・ことばづかい・立ち振る舞い，服装などすべてに表れます。相手によい印象を与えることもありますが，相手を知らないうちに不快にさせていたり，コミュニケーションを閉ざすようなものになっていたりすることもあります。相手に何かを求める前に，実習先での保育者の方々のコミュニケーションのとり方，立ち振る舞い，服装などを自分のなかに取り入れ，自分からお話をしていきましょう。

Question

　指導いただく先生とコミュニケーションをとりたいのですが，どのようなことをお話したらよいかわかりません。

Answer

　コミュニケーションをとる時の話題やその内容にも自分の学びの姿勢が示されます。できるだけ具体的な場面を取り上げ，自分なりの気づきを添えてお話しをしてみましょう。

　実習生Ｙさんは，保育者とお話をするがなかなか会話が続かない，何を話してよいかわからないということで悩んでいたそうです。会話の内容を聞いてみると「今日は勉強になりました」「先生の指導を見せていただき参考になりました」「○○している子どもはかわいいですね」「4歳らしい姿を確認できました」というような内容でした。

　このような会話からは，Ｙさんの学びたい気持ち，学んだという事実は伝わってきますが，具体的な内容が伝わってきません。また，この会話ではＹさんのなかで結論づけられていて会話に広がりが見つけにくくなってしまいます。「□□くんと関わって××と気づいたのですがどうでしょうか」「先生の先ほどの○○の関わりを見て素敵だなと感じたのですが，どのような願いがあったのですか」「今日の遊びには△△のねらいがあったように私には感じたのですが，先生にはどのようなお考えがあったのですか」などと具体的な内容を示し，相手の考えや意見を聞くような発言をして会話のきっかけとしてみるとよいでしょう。その際に，自分の気持ちや見方が断定的なもの（「～ですよね」「～だということでいいのですよね」），批判的なもの（「～の方がいいと思いました」「学校では◇◇と習ったのですがあれでいいのですか」）にならないように気をつけたいものです。言葉の使い方ひとつでも関係性が円滑になる場合と，そうでない場合があります。

Question

　実習中に保育者から注意や指導ばかり受けている自分は実習生として力がないのでしょうか。また，教育・保育，福祉の仕事に就く資質がないのでしょうか。

Answer

　実習生のHさんは，毎日反省会のときに頑張ったことを認めていただくより注意や指導を受けることが多く，悩んでしまったそうです。実習を進めるなかで注意や指導をいただくことは当然のこととわかっているものの，学びの真っただなかにいるだけに不安になることも多かったとのことです。

　では，なぜ，保育者が多くのことをご指導くださるかを考えてみましょう。実習担当の保育者は，専門職として大切にしなくてはならないことを伝えるという使命感と，実習生個人の成長への期待を込めて指導にあたってくださっています。学内で学ぶことの大切さを踏まえ，現場でしか学べないことを，限られた時間のなかでできるだけ多く知ってほしいという気持ちのなかで指導してくださいます。ですから，時に驚くほどの数や内容の助言をいただくこともあるでしょう。しかし，それは期待であることを確認しましょう。今後，専門職としての資格を得て，仕事に就く時に必要な知識や技術，倫理性，人間性を伝えるために具体的な場面を取り上げ，一つ一つを丁寧に指導してくださいます。自分を高めるためのものとして受け止めましょう。実習生として大切なことは，注意を受けない，指導されることを少なくするということではなく，指導を受けたことをどのように身につけるのかということです。また，同じ指導を受けないように次に生かすということが求められます。

　実習での指導の多くは，注意・指導を受けたその場面での事柄を見つめ直すことを求められています。ですから，個人のこと，また専門職としての資質を問われたかどうかとは基本的に切り離して考えることも大切です。ただし，場合によっては，実習を進めながら自分の適性を問われることもあります。その場合は，ひとりで考え込まず，学校の先生や身近に自分を支えてくれる大人の方に意見をうかがうなどしてみましょう。

❷ 子どもとの関係

Question

　自分では子どもと関わっていたつもりでしたが，「もっと積極的に子

どもと関わるように」という助言をいただき，どうしたらよいかわかりません。

Answer

　実習生 J さんは，一生懸命子どもと関わり，楽しく学んでいたつもりだったのに「もっと積極的に子どもと関わるように」と指導をいただき，混乱をしてしまったそうです。保育者の言葉の意味がわからず，正直に自分の気持ちを保育者に伝えると，自分の気持ちと行動と保育者の求めているものに「ズレ」があることに気づき，考え直して実習に取り組んだそうです。

　さて，指導いただいた保育者の言葉の意味はどのようなものだったのでしょうか。J さんは自分なりに関わっていたつもりのようですが，保育者と確認をしていくと特定の子どもとばかり関わっていたり，J さんに自分から声をかけてくる子どもと関わっていたりすることが多かったことに気づいたようです。声や行動に出すことは少ないが実習生と一緒に遊んでみたいと思っている子どももいます。また，自分の世界で遊んでいる子どもに目を向けることも大切なことです。子どもの育ちを支えるためには，子ども理解が基本となります。そのためにもクラス全体（園全体）の子どもにまなざしを向け，理解を深めることが求められます。実習生自ら行動を起こし，さまざまな子どもと関わることが求められていたのです。子どもが安心できる空間（パーソナルスペース）や遊びの世界を壊さないようにして，子どもの行動を真似したり，子どもの行動や気持ちを言語化したりしながら子どもと関わってみましょう。

Question

　子どもと遊んでいたら「せんせい，あそんできていい？」と言われて困ってしまいました。

Answer

　実習生 D さんは砂場で「かぞくごっこ」をして遊んでいた時に，「せんせい，あそんできていい？」と聞かれたそうです。遊んでい

る時の突然の言葉に驚いたとのことです。子どもの提案で始め，一緒に相談しながら「すなばあそび」「かぞくごっこ」を進めていたのになぜだろうと悩んでしまったそうです。

　しかし，ここでは，子どもの声に真剣に耳を傾け，子どもがこのような言葉を発した理由を考えてみましょう。なぜ，子どもはこのように言ったのでしょうか。遊んでいるうちに子どもが遊んでいるというよりも大人の価値観で遊びが進められたということはないでしょうか。「○○だといいね」「××にしてみては」と，よかれと思って発言してきたことが子どもの発想を超えてしまったりすることはよくあることです。子どもの言葉をよく読み取り，遊びの指導とはどのようなことなのかを考えるきっかけにしましょう。

Question

　やってほしくないこと，いけないことをしている子どもに指導ができずに困ってしまいました。

Answer

　実習生Sさんは子どもにどこまで指導をしてよいのかわからないということがよくあったそうです。子どもの気持ちを大切にしたい，しなくてはと思う気持ちと，人として，保育者としてもこれだけはわかってほしいと思う両方の気持ちがあり困ったそうです。また，信頼関係がまだ成立していない実習生から何か言われたら子どもはどのように感じるだろうと考えると動けなくなってしまったそうです。

　こうした悩みは実習生としてよくあることです。しかし，実習生であってもひとりの大人として，また，学びの段階にあってもひとりの保育者として，きちんと伝えなくてはならないことはあります。丁寧に言葉を選んで伝えることで子どもは大方のことは理解をすることができます。「先生は○○はしてはいけないと思う」「今，先生は△△くんに××してほしい」「先生には悲しいことだった」「先生は今●●のお仕事（勉強）をしているから後にしよう」「◇◇ちゃんが楽しく友達と遊んでいるのを見て勉強したいから，お友達のところに一緒に行ってみよう」などと場面を考えて伝えてみましょう。言われた直後は子どもたちも驚くので「せんせいきらい！」「もう

いい！」などと感情をあらわにすることもありますが，時間をおいて関係を作り直すことはできます。大切なことは冷静に，落ち着いた声で伝えることです。

Question

障害のある子どもの指導をどのようにしたらよいかわからず困ってしまいました。

Answer

実習生Ｅさんは，クラスにいた自閉症スペクトラムの子どもへの関わり方がわからず，困ってしまったそうです。手探りで関わるものの，なかなかうまくいかなかったそうです。そこで，Ｅさんは保育者の関わり方，子ども同士の関わり方を真似てみることから始めたそうです。考えて関わるよりも関わりやすくなり，実習日誌を書きながら関わり方のポイントを整理して学んだとのことでした。

障害のある子どもの指導を短時間のなかで捉えることはとても難しいことです。保育者も時間をかけて模索し，よりよい指導ができるようにしています。指導の原則は，その子どもの育ちとその育ちのなかにある障害特性の理解ですが，短い時間のなかで学ぶためにはまずは真似ることから始めるのがよいでしょう。

そのうえで，まずはその子どもがどのような生活をし，どのような育ちの課題があるのかを観察してみましょう。また，そのうえで子どもにある「障害特性」とはどのようなものか，たとえば「自閉症スペクトラム」とはどのようなものかなどを確認してみましょう。関わりながら子どもに学び，理論を確認することが大切です。

❸ 他の実習生との関係

Question

他の実習生のことが気になってしまいます。どうしたらよいでしょうか。

Answer

　実習生Ｉさんは，同じ時期に実習をしている実習生Ｗさんのこと
が気になって仕方がなかったそうです。自分よりもピアノが弾けた
り，実習日誌がきちんと書けること，また，認められたり，ほめら
れたりするＷさんがとてもうらやましく感じたそうです。

　同時期に実習生がいることで，相談したり，情報交換をしたりし
て実習を進められるという心強い半面，比較対象として意識してし
まうこともあることでしょう。他の実習生の素敵なところが目にと
まったり，自分のできないところばかりが気になったりということ
もあるでしょう。しかし，保育者は，2人の間での優劣を評価する
という基準で指導をしているわけではありません。専門職としての
資質のなかで何が身についていて，何が課題なのかという視点で実
習生を指導してくださり，評価もしてくださります。それぞれの違
いを個性として受け止め，そのよさが伸びていくように指導をして
くださいます。気になる他者と自分を比較するのではなく，前の日
の自分を振り返り，自分の課題を確認する機会としましょう。

❹ 保育を営む経験をするなかで

Question

　部分実習を始めると子どもから「それ，知ってる」「やったことあ
る」「つまらない」，また時には，「それやり方が違う」などの声があが
り，どうしてよいかわからなくなってしまいました。

Answer

　実習生Ｒさんは，子どもと手遊びを始めると「小さな友達がやる
遊びだからつまらない」「○○先生とやり方が違う」と言われ困っ
てしまったそうです。自分なりに子どもの理解をし，教材研究もし
て取り組んだ結果だったので落ち込んでしまったとのことです。

　子どもたちは多くの保育者とさまざまな経験をしています。遊び
はさまざまな形で伝承されていますので，現場で働く先生方が保育
をしていても同じようなことはよく起こるようです。しっかりと計

画をしていてもさまざまな声があがることはあります。そのような時は，子どもと会話をしながら，遊びの共通性を見出したり，いつもとは違う遊び方を楽しむなど，その場で計画を変更して活動を進めるのもひとつです。計画はあくまでも計画です。子どもと遊びを作り直したり，修正を加えることも大切です。

❺ さまざまな福祉施設での実習のなかで

Question

施設実習を障害のある成人の方々が生活する施設で行うことになりました。「大人との関わり」を求められることになり戸惑っています。

Answer

実習生Hさんは，成人の障害者と関わる経験がなく，施設実習で初めて関わることになり，どうしてよいのか，何を話題にするのがよいのかわからなくなってしまったそうです。

障害のある方々は，生活のスタイル，ペース，コミュニケーションの取り方などが一人一人さまざまであるので，自分が今までもっていた考え方を横において，利用者の方々と関わりながら，コミュニケーションの取り方を学び直してみるように助言をいただいたとのことでした。そして，自分が知っていたコミュニケーションの取り方以外にも意思の示し方，読み取り方があることを初めて知ったそうです。

また，指導，援助とは，できないことをできるようにするということだけではないことにも気づいたそうです。

施設での指導・援助は，一人一人の立場に寄り添いながら生活の自立，社会参加への自立を支えることが大切です。施設の職員の方々の関わり方を参考にし，さまざまな支援方法を学んでみましょう。今もっている力を最大限に使いながら生活を営む援助がされていることを学ぶことができるでしょう。また，成人の利用者は，人生の先輩でもありますので，学び合う気持ちを大切にして実習をしたいものです。

Question

施設実習での実習日誌の書き方がわかりません。どのようにしたらよいでしょうか。

Answer

実習生Gさんは実習を始めてから，施設での日誌の書き方が保育所と同じようにできないことに気づき，困ったとのことでした。

施設種別により，指導・援助の目的，方法が異なるので，記録の方法も異なるのは当然です。「保育実習」という同じ括りで考えると安心してしまいますが，実習が始まる前に確認をすることが求められます。同じ施設種別でも施設ごとに保育や指導・援助の方針が異なりますので日誌の記載方法，記載内容は実習先により異なることが多いようです。先輩の実習日誌を見せていただいたり，施設での事前オリエンテーションなどでどのように記載することがよいか確認したりしておきましょう。施設実習で学ぶ内容については，学校で編集されている手引きや本書第9章で，また，具体的な実習日誌の書き方については第3章を確認してみましょう。各施設の設置・運営の目的を児童福祉施設最低基準に照らし合わせて確認してみることもよいでしょう。

全国保育士養成協議会（編）『保育実習指導のミニマムスタンダード ver. 2──「協働」する保育士養成』（中央法規出版，2018）を参考に実習での観察の視点，目的を明らかにすると実習が深まることでしょう。

3 実習全般にわたっての「悩み」

Question

実習を進めるなかで，実習先の教育・保育方針，支援方針が自分の考えとずれがあるように感じ，うまく整理ができずに困っています。

Answer

　実習生Fさんは，実習先の保育に違和感をもった……という大き
な壁を感じたそうです。このようなときはどうしたらよいでしょうか。
　実習とは，免許・資格の取得過程において，学びの場を提供いた
だくものであり，実習を通して自分なりの教育観・保育観，そして
自立支援に向けた支援観を形成する機会にもなるものです。単に違
和感があるということで批判したり，拒否したりするのではなく，
自分の考えや学びを整理する機会としましょう。学びの過程ですか
ら，実習生が保育や支援のすべてを学び，照らし合わせることも難
しいことでしょう。自分の考えをもとに，共感できる部分，難しい
部分，そしてそこから学べる内容とは何かを整理し，さまざまな
人々の意見を聞き，まとめていくことが大切です。

Question

　実習を重ねるなかで，自分には保育者の適性がないのではないかと
感じてしまい，実習への意欲が高まらなくなってしまいました。どう
したらよいでしょうか。

Answer

　実習生Oさんは，子どもとの関わり，保育者の援助の素晴らしさ
に出会い，自分の適性を日々考えるようになり，悩みが大きくなっ
てしまったそうです。
　実習の最中に無力感を感じたり，保育者としての適性を考えるこ
とはしばしばあります。保育者としての自分の適性があるかどうか
を現場で肌で感じ，考えることも実習での大きな課題のひとつでも
あります。しかし，実習の途中でそのことに向き合い，結論を出す
にはあまりにも拙速すぎます。ひとつの学びとして実習を終了させ
て，客観的な視点で振り返ることが必要です。もし，実習中にこの
ように気持ちがゆれ動くことがある場合は，学校の先生に相談した
り，自分を支えてくれる人々に相談したりして，ひとりで抱え込ま
ないことが大切です。相談を進めながら自分自身を見つめ，最善の
策を考えましょう。

Book Guide

- 久富陽子（編著）梅田優子ほか『幼稚園・保育所実習　指導計画の考え方・立て方（第2版）』萌文書林，2017年。

  幼稚園実習・保育所実習で，学生にとっての学びのなかで大きな課題となる，いわゆる「指導案」について具体的に学べる書籍です。さまざまな保育方法・形態での形式を取り上げ，また，具体的な遊びや活動の例を用いて，理論的かつ実践的に考え方，書き方が順序立てて解説されています。実習生が書いた指導案，指導後の指導案と対比された例も紹介され，学びやすいものとなっています。

- 全国保育士養成協議会（編）『保育実習指導のミニマムスタンダード ver. 2 ――「協働」する保育士養成』中央法規出版，2018年。

  保育士を養成する専門学校，短期大学，大学などが加盟する団体が編集した保育実習に関する専門的な書籍です。現場の保育者や学校の先生方がどのような視点で実習を支え，評価していくのかが具体的にわかり，実習に取り組む際の参考になることでしょう。

Exercise

1. 実習にあたってどのような準備をしているかグループで話し合ってみましょう。
2. 実習を目前にしてどのような気持ちでいるのか，楽しみや不安，悩みなどをグループで率直に話し合ってみましょう。
3. 実習中に悩みが出てきた時，どのような対応をするかグループで話し合ってみましょう。

《執筆者紹介》（執筆順，担当章）

大豆生田啓友（おおまめうだ・ひろとも）はじめに，第1章，第5章第1節～第2節
　　編著者紹介参照。

上田よう子（うえだ・ようこ）第2章
　　現　　在　洗足こども短期大学専任講師。
　　主　　著　『保育原理（新しい保育講座)』（共著）ミネルヴァ書房，2018年。
　　　　　　　『乳児保育の理解と展開』（共著）同文書院，2019年。

松山洋平（まつやま・ようへい）第3章，第6章
　　編著者紹介参照。

瀬川千津子（せがわ・ちずこ）第4章
　　現　　在　田園調布学園大学助教。
　　主　　著　『幼稚園・保育所の運営トラブル解決事例集』（共著）第一法規出版，2002年。
　　　　　　　『子どもからはじまる保育の世界』（共著）北樹出版，2018年。

三谷大紀（みたに・だいき）第5章第3節，第7章第1節
　　編著者紹介参照。

須永美紀（すなが・みき）第7章第2節～第4節
　　現　　在　こども教育宝仙大学教授。
　　主　　著　『共感――育ち合う保育のなかで』（共著）ミネルヴァ書房，2007年。
　　　　　　　『保育原理（最新保育講座)』（共著）ミネルヴァ書房，2015年。

茂井万里絵（しげい・まりえ）第8章
　　現　　在　文京学院大学准教授。
　　主　　著　『発達心理学で読み解く保育エピソード――保育者を目指す学生の学びを通して』
　　　　　　　（共著）北樹出版，2010年。

髙嶋景子（たかしま・けいこ）第9章
　　現　　在　聖心女子大学准教授。
　　主　　著　『子どもを「人間としてみる」ということ――子どもとともにある保育の原点』（共
　　　　　　　著）ミネルヴァ書房，2013年。
　　　　　　　『子ども理解と援助（新しい保育講座)』（共編著）ミネルヴァ書房，2019年。

宮﨑　豊（みやざき・ゆたか）第10章
　　現　　在　玉川大学教授。
　　主　　著　『子どもの育ち合いを支えるインクルーシブ保育――新しい時代の障がい児保育』
　　　　　　　（共著）大学図書出版，2017年。
　　　　　　　『保育内容総論』（共著）玉川大学出版部，2018年。

《編著者紹介》

大豆生田啓友（おおまめうだ・ひろとも）
　現　在　玉川大学教授。
　主　著　『あそびから学びが生まれる動的環境デザイン』（編著）学研教育みらい，2018年。
　　　　　『日本が誇る！　ていねいな保育──0・1・2歳児クラスの現場から』（共著）小学館，2019年。

三谷大紀（みたに・だいき）
　現　在　関東学院大学准教授。
　主　著　『子どもを「人間としてみる」ということ──子どもとともにある保育の原点』（共著）ミネルヴァ書房，2013年。
　　　　　『保育原理（新しい保育講座）』（共編著）ミネルヴァ書房，2018年。

松山洋平（まつやま・ようへい）
　現　在　和泉短期大学准教授。
　主　著　『事前・事後学習のポイントを理解！　保育所・福祉・幼稚園実習ステップブック』（共編）みらい，2016年。
　　　　　『保育原理（新しい保育講座）』（共著）ミネルヴァ書房，2018年。

新しい保育講座⑫
保育・教育実習

2020年 3 月30日　初版第 1 刷発行　　　　〈検印省略〉
2020年12月30日　初版第 2 刷発行
定価はカバーに表示しています

編著者　　大豆生田啓友
　　　　　三　谷　大　紀
　　　　　松　山　洋　平
発行者　　杉　田　啓　三
印刷者　　藤　森　英　夫

発行所　株式会社　ミネルヴァ書房
607-8494　京都市山科区日ノ岡堤谷町 1
電話代表　（075）581-5191
振替口座　01020-0-8076

ISBN978-4-623-08546-0
Printed in Japan

新しい保育講座

Ｂ５判／美装カバー

① 保育原理
渡邉英則・髙嶋景子・大豆生田啓友・三谷大紀 編著
本体2200円

② 保育者論
汐見稔幸・大豆生田啓友 編著
本体2200円

③ 子ども理解と援助
髙嶋景子・砂上史子 編著
本体2200円

④ 保育内容総論
渡邉英則・大豆生田啓友 編著
本体2200円

⑤ 保育・教育課程論
戸田雅美・渡邉英則・天野珠路 編著
2021年春刊行予定

⑥ 保育方法・指導法
大豆生田啓友・渡邉英則 編著
本体2200円

⑦ 保育内容「健康」
河邉貴子・鈴木康弘・渡邉英則 編著
本体2200円

⑧ 保育内容「人間関係」
渡邉英則・小林紀子・髙嶋景子 編著
2021年秋刊行予定

⑨ 保育内容「環境」
久保健太・髙嶋景子・宮里暁美 編著
2021年春刊行予定

⑩ 保育内容「言葉」
戸田雅美・秋田喜代美・岩田恵子 編著
2021年春刊行予定

⑪ 保育内容「表現」
小林紀子・砂上史子・刑部育子 編著
本体2200円

⑫ 保育・教育実習
大豆生田啓友・三谷大紀・松山洋平 編著
本体2200円

⑬ 乳児保育
岩田恵子・須永美紀・大豆生田啓友 編著
2021年春刊行予定

⑭ 障害児保育
若月芳浩・宇田川久美子 編著
本体2200円

アクティベート保育学

Ａ５判／美装カバー

① 保育原理
汐見稔幸・無藤 隆・大豆生田啓友 編著
本体2000円

② 保育者論
大豆生田啓友・秋田喜代美・汐見稔幸 編著
本体2000円

③ 子ども理解と援助
大豆生田啓友・久保山茂樹・渡邉英則 編著
2022年春刊行予定

④ 保育・教育課程論
神長美津子・戸田雅美・三谷大紀 編著
2022年春刊行予定

⑤ 保育方法・指導法
北野幸子・那須信樹・大豆生田啓友 編著
2022年春刊行予定

⑥ 保育内容総論
大豆生田啓友・北野幸子・砂上史子 編著
2022年春刊行予定

⑦ 保育内容「健康」
河邉貴子・中村和彦・三谷大紀 編著
2022年秋刊行予定

⑧ 保育内容「人間関係」
大豆生田啓友・岩田恵子・久保健太 編著
2021年秋刊行予定

⑨ 保育内容「環境」
秋田喜代美・佐々木正人・大豆生田啓友 編著
2022年春刊行予定

⑩ 保育内容「言葉」
汐見稔幸・松井智子・三谷大紀 編著
2021年秋刊行予定

⑪ 保育内容「表現」
岡本拡子・花原幹夫・汐見稔幸 編著
本体2000円

⑫ 保育・教育実習
矢藤誠慈郎・髙嶋景子・久保健太 編著
2021年秋刊行予定

⑬ 乳児保育
遠藤利彦・髙嶋景子・汐見稔幸 編著
2021年秋刊行予定

⑭ 障害児保育
榊原洋一・市川奈緒子・渡邉英則 編著
2021年春刊行予定

ミネルヴァ書房

https://www.minervashobo.co.jp/